U0517927

风一直在吹
有人在风中筑巢
有人在制造风口
有人，在风中迷失

意外吹来的风总会消失在远方
应运而生的潮水却将始终澎湃
打开这本书
打开生活和命运的另一种可能

促成人群深度链接的中国式众筹(包括人才IPO)将开启互联网革命的下半场，席卷所有行业，并深度改变中国的商业生态、社团协会、慈善公益，以及中产阶层的投资、社交与生活方式，最终起到大幅提升创业成功率、解决中小企业融资难题、增加就业与提升GDP、改善社会氛围、推动社会进步的作用。经系列案例验证的中国式众筹为"大众创业，万众创新"提供了全新的方法论与行动路线图，必将引领众创潮流，推动经济社会的大范围、深层次变革。

大咖评论

陈春花

华南理工大学教授、博导
新希望六和股份原联席董事长、首席执行官

众筹是中国难得一遇的领跑世界的机会！

蔡方华

资深评论人
《北京青年报》公众号"团结湖参考"主编

在引领观念变革方面，《中国式众筹》很可能是一本划时代的书。我跟踪杨勇的众筹布道已经很久，他的所有干货都写在了这本书里。如果能够吃透，基本上也能玩得风生水起。但我更感兴趣的是，这很可能是一本永远写不完的书，因为有太多的后续故事等着挤进来。几年之后，《中国式众筹》有可能成为帮助中国走出中等收入陷阱的"杨子兵法"。它带来的不只是震撼，还有对经济社会形态的深层改变。

王巍

万盟并购集团董事长

杨勇的中国式众筹与西方众筹完全不同。中国式众筹简单说就是在圈子里发现价值、套现价值。中国人用中国特殊的文化、黏合力，来发现一个公司、一种组织方式、一种产品、一种劳务、一个期待方向的价值，这是很重要的。

我们赶上一个好的时代，中产阶层和消费社会的出现，为众筹提供了成熟的土壤。中产阶层有钱、有闲、有权利意识，主张承担责任，不再依靠群体、阶层、机构，可以独立地生存，使得我们风云际会，催生了互联网金融，催生了众筹。

这样一种状态是广泛的市场自组织形态。这种自组织形态将会在杨勇等人的推动下，在不同的领域推动产生大量的众筹，不仅仅在金融领域产生效益和新的架构，还会推动公民社会的发展。这是我们走向现代化最基本的启蒙，我们可以通过自己的投票、自己的组织、自己的遴选，建立自己的商业组织。所以，众筹的意义远远超过一种技术、一种组织方式，它会推动整个社会的进步。我相信杨勇这一批新生代能够比上一代更加有力地推动社会的进步。

盛希泰

洪泰基金创始人、华泰联合证券前董事长

中国有"厉股份"、"吴市场"、"杨众筹"（杨勇）。众筹最重要的是在经济体中通过产权的关系形成一种类似血缘关系的关系，人类的血缘关系通过众筹植入经济体，经济体通过产权的关系产生强有力的血缘关系，血缘关系是最稳固的关系，在这里面从资金流、客户流，到最后的消费群体、传播途径都有了，这毫无疑问是非常有意义的。按照杨勇的说法，阿里巴巴解决的是从线下到线上，而他解决的是从线上拉到线下再拉回线上……

我非常敬佩杨勇的坚持。最后落脚点就6个字——要众筹找杨勇。

请扫码关注杨勇公众号
与杨众筹建立链接！

2013年10月18日，1898咖啡馆开业 ◁

2014年9月18日， ◁
1898咖啡馆宣传片
亮相纽约时代广场

2014年12月25日，国家会议中心，第一届"中国式众筹分享大会"，3000人参加 ◁

▷ 2014年11月30日，金融客咖啡开业

▷ 2015年4月29日，国家图书馆，杨勇首次人才IPO公开演讲

▷ 2015年9月20日，杨勇参加"香港在国家发展战略中的地位和作用"论坛并做分享，与香港特首梁振英等人合影

2015年4月11日，花色
优品股权众筹第二次线
下路演

"AAA糖友空间"众筹发
起人、清华大学经管学
院赵平教授

2015年12月20日，国家
会议中心，第二届"中
国式众筹分享大会"成
功举办，5000人参加，
全国人大财经委副主任
委员、清华大学五道口
金融学院院长吴晓灵女
士（中）应邀出席

▷ 自2016年4月起，中关村互助众筹研究院主办的"中国式众筹·首席架构师"课程班在北京大学连续举办中。众筹生态正形成

▷ 2015年12月20日，在第二届"中国式众筹分享大会"上，中关村互助众筹研究院正式揭幕

中国式众筹

互联网革命的下半场

杨勇◎著

中信出版集团 · CHINA**CITIC**PRESS · 北京

图书在版编目（CIP）数据

中国式众筹 / 杨勇著 .—北京：中信出版社，2015.11（2016.7重印）
ISBN 978-7-5086-5537-6

I. ①中… II. ①杨… III. ①融资模式—研究—中国 IV. ① F832.48

中国版本图书馆 CIP 数据核字（2015）第 228679 号

中国式众筹

著　者：杨　勇
策划推广：中信出版社（China CITIC Press）
出版发行：中信出版集团股份有限公司
　　　　　（北京市朝阳区惠新东街甲4号富盛大厦2座 邮编 100029）
　　　　　（CITIC Publishing Group）
承 印 者：北京建泰印刷有限公司

开　　本：787mm×1092mm　1/16		插　　页：8	
印　　张：17.25		字　　数：227千字	
版　　次：2015年11月第1版		印　　次：2016年7月第6次印刷	

广告经营许可证：京朝工商广字第8087号
书　　号：ISBN 978-7-5086-5537-6/F · 3488
定　　价：49.00元

版权所有 · 侵权必究
凡购本社图书，如有缺页、倒页、脱页，由发行公司负责退换。
服务热线：010-84849555　服务传真：010-84849000
投稿邮箱：author@citicpub.com

第
一
章

北大 1898 咖啡馆：中国式众筹"策源地"

"筹人筹智筹资源"，作为中国式众筹的第一标杆，北大 1898 咖啡馆两年多时间里的一举一动，都引领着中国式众筹这个新生事物的走向。

从杨勇在 1898 咖啡馆成立不久的"急流勇退"，到郦红担任轮值主席提出"二次创业"，成立 1898 创投基金等举措，1898 咖啡馆始终在集体智慧与担当精神双轮驱动下不断创新，不断远行。

I

第二章

中国式众筹是熟人圈众筹

传统众筹的目的是筹钱，中国式众筹的核心是筹人，它最鼓舞人心的地方，在于打破"一群中国人是一条虫"的魔咒，让老板、经理人、专业人才、有梦想的人都能找到用武之地，把优势攒到极致，真正激活中国人的圈子文化。

第三章

星火燎原：中国式众筹的案例迭代

北大 1898 咖啡馆激活了北大校友圈，金融客咖啡聚拢了行业精英，佳美儿童口腔医院开启了股权众筹连锁模式，花色优品用众筹替代了传统 VC 融资，经心书院实现了区域性企业家抱团发展，AAA 糖友空间实现了项目创业期的资金＋资源的汇集，人才 IPO 真正做到了以人为本……案例项目入资额从 3 万元，到 30 万元，再到 300 万元，中国式众筹在两年多时间里实现快速升级迭代，比你想象的来得更猛烈！

第四章

操作法门：中国式众筹的实战手册

"世事洞明皆学问，人情练达即文章"，众筹实战，是对人性的再认识，是人生一种正能量修行。

众筹开始前，发起人会有很多困惑：自己的利益与群体利益如何平衡，200人怎么找、怎么管，先收钱还是后收钱？一不留神，这些都会给项目带来困难。如何使众筹成为幸福的婚姻而不只是一场盛大的婚礼呢？

第五章

免疫系统：中国式众筹的独特风控

中国式众筹天然具有强大的抗风险能力。一是坚持"小钱办大事，大钱办小事"——对众筹个体而言，一定是出小钱、玩得起，把项目大风险分解为个体小风险；对项目而言，一定是筹资额远高于项目投入，保证不缺钱。二是中国式众筹有独特的风险识别模式：200人把关。有200人看着，可能会出一些小问题，但不会犯大错误。

第六章

未来已来：中国式众筹让改变发生

去众筹的创业园上班，住着众筹而来的房子，吃着众筹农庄的有机食品，送孩子去众筹的学校读书，在众筹的咖啡馆约会、谈生意，逛众筹的商场、超市，甚至连墓地也是众筹的……你是否有过这样的梦想？有没有人跟你谈过这样的未来？

共享经济也许是属于我们的最好时代

经济学研究的核心问题之一是如何有效地配置资源。在理想条件下，资本总是会流向产出最高的部门，通过追求自身回报最大化的行为促进整体社会财富的积累。然而在现实世界中，资源往往无法得到最有效地利用，市场解决这个问题的方法很简单，就是由专业的组织代替资源所有者行使配置资源的权力，例如风险投资基金。另一方面，通过人为地设立规则，也能够对资源的有效利用加以促进。几百年来关于现代公司制度的不断进步和完善，从某种程度上说也是服务于此目的。

认识杨勇，是因为宋皖虎的介绍，参加了一次"金融客咖啡"的能量晚餐，之后我们有机会做一些交流，让我对杨勇以及他的伙伴们有了一种全新的认识，也对"众筹"有了更深的认知。"众筹"作为一种集合人力、资金共同"办大事"的方式，虽然很早就出现，但是，随着互联网技术的发展，信息传播的成本大幅下降，"众筹"被赋予了更多的表现形式和更大的实现空间，被赋予了更大的可能以及正在被证明为更加符合这个巨变时代的一种发展模式。人与资本组合的价值最大化，无论如何都是今天发展中最需要关注的核心要素，而杨勇的实践恰恰给出了一个明确的示范。

在我自己的研究中，知道中国企业在过去的 30 多年中，一直希望能够具有真正的全球竞争力，而现实是我们一直处在一种跟随、学习和被动发展的过程中。这里面有技术的原因，有资本的原因，也有人才和机制的原因。我感叹于"众筹"模式，是因为这种成长方式，是基于人与资本组合价值最大化的方式，很多年前在我的著作里就阐述过这样一个观点：领先的跨国企业与中国企业之间最后的差距，一定是人力资源的差距。如果我们的企业不能够切实解决人的价值如何发挥的问题，我们也就无法真正走到领先的道路上。关注华为的人一定关注到"以奋斗者为根本"的核心理念，如何让更多的企业和管理者，以一种更加容易的方式，来释放人的价值，杨勇的"中国式众筹"应该是一个值得借鉴的选择。

我个人的理解，本书第一、二章通过对"北大 1898 咖啡馆"众筹案例的分享，引出了作者对于"众筹"逻辑的理解；第三章介绍了"金融客咖啡"、"佳美儿童口腔医院"等 5 个众筹案例，并提出了"人才 IPO"（人才众筹）概念；第四、五章聚焦在作者从成功的众筹案例中总结出的实战经验；第六章则是论述"众筹"对于现实经济的影响和贡献。

基于互联网平台的众筹融资模式在发达国家兴起已有 10 多年时间，由于他们拥有较完善的投融资体系、更成熟的社会契约文化，"众筹"体现出的更多是交易型融资。在中国，由于独特的文化基因和制度环境，作者认为"中国式众筹"的核心不是"筹资"而是"筹人"。即将众筹项目未来发展所需的资源提前锁定为股东，变外部交易为内部合作，以资源匹配、激活和置换实现共赢。通过众筹项目对股东的正向回馈，增强股东在过程中的参与感、归属感，使其不再简单地扮演出资人的角色，而是主动地将自有的资源和众筹项目进行组合。与此同时，建立众筹参与者须由成员推荐的机制，借助熟人圈的约束力，降低可能存在的道德风险。通过对"北大 1898 咖啡馆"案例的细致分享，作者总结出：中国式众筹，核心是精挑细选有共同价值观、共同愿景、靠谱的人。

除了"北大 1898 咖啡馆"，书中还详细介绍了 6 个众筹案例。6 个案例中，"金融客咖啡"和"经心书院"是注重社交平台属性的项目，众筹参与者通过筹资建立一个社交场所（咖啡馆或书院），从场所的日常经营以及圈子内人员在该场所发起的交流活动中获益；"佳美儿童口腔医院"和"糖友空间"等则是注重财务回报的项目，这些项目不仅仅得到了出资人的资金支持，还有他们的智慧、人脉、客户、合作伙伴等资源，其估值通过众筹得到了提升，而众筹出资人除了财务回报，还能享受到被投资企业的优惠服务。"佳美"案例已经被全球十几家商学院作为股权众筹的标杆案例进行研究。

作者在该部分提出了"人才 IPO"的概念，类似于企业 IPO（首次公开募股），将人才未来创造的收益提前变现。投资人"购买"一部分该人才的"股票"，而被投资人则通过让渡自己未来的一部分收益权增加现阶段的财务自由，从而能够更加专注于价值创造的工作本身。这样的人才可能是优秀的学生、创业者、企业高管，也可能是拥有稀缺专业能力的人。作者认为，在人力资源严重错配的当今社会，通过"人才 IPO"将优秀的人才从桎梏中解放出来，具有重大的意义。

经过对"中国式众筹"的开篇概括和具体案例介绍分析之后，作者结合自己亲身经历，从心态准备、操作流程、关键要素、风险管控四个角度梳理了进行"中国式众筹"所需要关注的事情。每一个角度下均详细地列举出要点，并结合实践经验进行了分析。

最后，作者对"众筹"这种商业模式对社会经济的影响进行了探讨。作者认为，"众筹"的直接作用是可以改造升级传统的社会组织，因为它更加灵活、透明、去中心化，并且更容易实现资源的整合。甚至未来的商业组织也可能采用众筹的模式构建，只要先设计好商业模式和利益链条，剩下的工作就是搭配资源、提供产品和分配利润。此外，众筹更易帮助创业者和人才实现价值创造，进而为区域经济增长注入活力，优化资源配置。作者提出：未来是一个"众筹、众治、众享"的社会，它要求每一个人都要贡献自己的价值，同时也保证每一个人在公认的规则上获取利益。众筹的未来是"自由人的自由联合"。

我认为《中国式众筹》这本书的特点可以概括为：一个逻辑、一个核心和一个亮点。"一个逻辑"指的是作者对于"中国式众筹"特点的思考，结合金融融资的特点和中国人圈子文化的特点，对"众筹"这种商业模式在中国发展的逻辑进行了自己的总结。"一个核心"指的是作者对于众筹项目的实战经验总结，其中所有要素都经历了理论和实践的双重检验，对于其他众筹项目的参与者有非常宝贵的参考价值。"一个亮点"是作者提出的"人才 IPO"概念，资本市场的建立帮助无数企业获得持续创新探索的动力，而社会也分享了企业进步创造的财富，相信"人才 IPO"对于整个社会的意义亦不亚于此，它将极大地解放个人的价值创造能力。

我想对于"中国式众筹"，也有一些问题值得继续思考，那就是"中国式众筹"是否是一个特定阶段、特定规模和特定方向的产物？

首先，经济和文化是不停变化、相互影响的。特定的文化传统往往和经济发展的特点有很大关联性，"中国式众筹"逻辑中预设的中国文化特点，会不会随着经济的发展产生变化，使得这个逻辑失去赖以生存的文化基础？

其次，书中所强调"中国式众筹"的一个重要特点是资源的整合。当出资人甘愿付出除却资金之外的个人资源时，必定也是因为众筹项目为他带来了除却资金之外的回报，正如书中所提到的"圈子、面子"，倘若市场上能够以更低成本的方式购买到这些"圈子、面子"，众筹对于参与者而言是否还具有吸引力？

最后，在投资心理上，个人对于"小额"投入的风险厌恶程度要低于"大额"投入，这是众筹的优势之一。倘若众筹模式在全社会不断推广时，大量的资金参与到大量的项目中，从整体角度看，全社会对于众筹项目风险的偏好将会回归到正常水平，这是否意味着众筹模式的风险优势仅限于"小规模"？

我相信有关这些问题的探讨和答案，会在实践众筹模式的案例中不断被解决和被验证，我也更期待杨勇及其伙伴们能够创造出更多的奇迹和不断被验证的成功案例。

最后引用狄更斯《双城记》的一段话："这是最好的时代，这是最坏的时代；这是智慧的时代，这是愚蠢的时代；这是信仰的时期，这是怀疑的时期；这是光明的季节，这是黑暗的季节；这是希望之春，这是失望之冬；人们面前有着各种事物，人们面前一无所有；人们正在直登天堂，人们正在直下地狱。"这也许是对我们这个时代最好的诠释，一切都在于你如何去因应和面对，希望透过本书，你可以成为时代的弄潮儿！

陈春花

华南理工大学工商管理学院教授、博士生导师

新希望六和股份原联席董事长、首席执行官

祝福一种美好的创新

当我们选择一种新的商业模式的时候,实际上意味着要面对一场"范式革命"。这意味着风险，也意味着突破，这就是创新的魅力。

以杨勇为代表的一批北大人在创办1898咖啡馆的过程中创造性地发展了从西方引进的众筹方法，摸索出一套符合中国国情和文化特点的熟人圈众筹理论，并冠以"中国式众筹"之名，以与西方流行的陌生人众筹相区别。后来又通过"金融客咖啡"、"佳美儿童口腔医院"、"经心书院"、"花色优品"等众筹项目来验证和完善这一套方法，证明确实行之有效，且发展空间巨大。

杨勇的新书《中国式众筹》让我们看到了一个快速发展、永远处于不确定环境的新社会的到来，以及年轻一代创业者丰沛的想象力、创造力与脚踏实地的行动力。中国式众筹的魅力让人心动：它将项目所需资源提前锁定为股东，能有效提升创业成功率，以后的众筹创业将不再是像我们这一代企业家这样单打独斗，有问题、有困难独自苦熬支撑，而是群策群力、抱团"打群架"！单凭提升创业成功率这一点，就是一个了不起的贡献！国家提倡"大众创业、万众创新"，中国式众筹正好提供了有效的方法论。

中国式众筹将在一个个众筹熟人圈中营造一种类血缘关系，这可能是它非常有价值的另一个方面。至今为止的互联网发展让人们很容易获取各种信息，并很方便地与各种人等建立链接，但要建立一种强黏性关系或强黏性社群，正是很多人都在持续探索的。中国式众筹这种熟人间的利益联合体现了共创共治共享的鲜明特点，将会改变人们的社交与生活方式，会形成一个个良性互动、互帮互助、去中心化、自组织的强黏性社群，这是否是一种能将人们紧密联系在一起的 O2O 模式的 2.0 版？这是否是移动互联时代的商业生态与社交生态的一次革命？或者说是互联网革命的下半场？各位读者自己可以做出判断。毋庸置疑的是，中国式众筹一旦星火燎原，对改善社会氛围、推动社会进步会起到极大的作用。自由人的自由联合也好，自由人的利益联合也好，非常美好的前景，想一想，也是微醺。

人才 IPO，也就是人才众筹，是中国式众筹的又一大亮点，它的意义和价值有可能超过中国式众筹本身。这是杨勇摸索人才股票十余年所结出的一枚硕果，何时端出来，大家拭目以待。但他所讲的逻辑与方法是成立的，从杨勇本人开始，人才 IPO 一旦推开，将会极大地解放各类人才，真正做到以人为本而不是以资本为本、以权为本。它将会和中国式众筹一起激发各类人群以新的热情重新配置社会资源，引爆社会巨大潜能……

如果有一种创新，能提升创业成功率，能改善人群联结关系，能解放人才生产力……我们为什么不能大胆去摸索、去实践、去更大胆地想象我们的未来？如果它成熟了、成功了，会推动经济发展、社会进步；如果它被修正了，或者说异化了，那么它一定会催生出一种让我们眼睛一亮的新的模式。总之，我们总得去做，总得去试，这就是北大人的宿命。

回首创业创新二十年，我感到的是一种超值的存在，很庆幸没有被这个时代落下。当下，面临一个更不确定的充满变化的时代，不管是北大的学弟学妹也好，还是所有亲爱的读者也好，我想告诉你们的是：创新才有出路，行动才有结果。我祝福这一种美好的创新！我也祝福每一位读者通过自己的思考和实践开启更美好的前程！

黄怒波博士

中坤投资集团董事长

中国式众筹：

互联网革命下半场的机会与挑战

打通了生产者和消费者之间的隔阂，就已经催生了诸如优步之类的颠覆式创新者，那么打通投资者、生产者、消费者之间的关联，更能带给大家无尽的想象空间。

创新是如何被驱动的？这是一个历久弥新的话题，每一个时代的人们都在试图找到其中的规律并掌握其中的规律。

2016 年的全国公务员考试的申论部分，选择了众筹这个话题，1898 咖啡馆的案例赫然在列，考官给定的题目是"众筹：金钱之外的价值"。

这，从某种程度上算是对众筹咖啡馆所取得成绩的一种肯定。起于 1898 咖啡馆的中国式众筹正在蔓延到越来越多的行业，酝酿着改变行业格局的力量。

这场起于青萍之末的众筹旋风，正越刮越烈，要想把握其风向，就要放到形成风暴的大环境和大背景中去考察——互联网革命的下半场。

互联网革命的下半场

20 世纪 80 年代，阿尔文·托夫勒的《第三次浪潮》就在预言：我们正处在一个新文明的浪潮之中，第一次浪潮历时数千年，第二次浪潮自工业革命以来，历时数百年，而第三次浪潮可能就是这几十年的时间。

在他看来，第二次浪潮的技术领域需要革新组织，所以农业社会的大家庭职能转移了。家庭不再是共同劳动的经济单元，大家庭的结构变成了人口简单、富于流动的现代化小家庭。而学校在为儿童成长起来之后进入工厂/公司提供准备，所以在提供知识储备的同时也在训练他们守时、服从和重复。"小家庭、工厂式的学校和大公司，三者构成了第二次浪潮中鲜明的社会结构"。

第三次浪潮急剧地改变这种状况，在这场足以与文明轴心时代和文艺复兴相提并论的重大文明转折时期的伟大变革中，信息革命改变了人与人之间交往的方式，人与物之间运作的方式，深刻改变了原来的经济、社会甚至政治的运作方式。

我们正处在这场变革的下半场。

何为下半场？

互联网革命的上半场是从线下到线上，是把线下的商品交易搬到线上完成，是把线下的关系拉到线上维系，这个阶段带来的变化有目共睹，短短十多年间在中国就产生了 BAT（中国互联网公司百度公司、阿里巴巴集团、腾讯公司的首字母缩写）这样的世界级公司；这场变革的下半场是从线上走向线下，人们在线上建立起来的关联，对线下发挥作用。

这种模式正在爆发出摧枯拉朽般的力量，当他们闯入了传统领域，往往扮演了颠覆者的角色。

比如优步（Uber），短短七年间成为估值 700 亿美元的巨无霸，对所到之处的出租车行业产生了极大的冲击。它自己不持有车辆，而是通过更好地链接出行用户与司机，从而大大提高了行业的效率，而且解决了城市出行高峰和低谷期按照通常方式无法解决的要么闲置要么不足的矛盾。

再比如 Airbnb（空中食宿），也在短短几年之间超过了希尔顿、万豪等百年老店的市值。它同样也不持有物业，不提供标准化一的房间和服务，相反对于追求个性化体验的用户更具有吸引力。

这些企业之所以能够做到这一点，正是因为踩到了互联网革命下半场的风口上。他们及正在露头的"独角兽"呈现出一些共同的特征：通过线上的链接激活了大量沉淀的资源，由此爆发出传统模式难以抗衡的力量。因为传统模式要沉淀大量资产，而新模式在调用沉淀资源；传统模式要花大量的管理成本，而新的模式在鼓励参与者的自我管理；传统模式的极致是标准化，而新模式天然就是个性化的。

从这样三个维度的比较来看，在个性化需求越来越强烈的人群面前，新模式无疑代表着未来。

从社会发展的角度来看，这种从线下走向线上，又从线上回到线下的轮回对应着从农耕文明的熟人社会到工业文明的陌生人社会再到信息文明的新熟人社会的演变。

我们正在通过信息革命，回归一个更广泛意义上的新熟人社会。这些熟人不是因为乡土和血缘而熟悉的，而是通过在网上的重新链接而熟悉的，是通过兴趣、事件等事情聚在一起的。由于信息网络传播的便捷性，找到同类或者更精准地找到合适的合作伙伴的可能性大大增加。而一旦建立起联系来，他们之间的联系可以更长久地维持下去，也具有更大的想象空间。

三位一体的模式创新

如果说打通了生产者和消费者之间的隔阂就已经催生了诸如优步之类的颠覆式创新者的话，那么打通投资者、生产者、消费者之间的关联就更能带给大家无尽的想象空间。

而这正是众筹的魅力所在。

它所释放出来的是整个金融体系创新的力量。

金融体系对于经济发展的重要性自不待言，它给经济发展中投资和融资的需求提供了信用，实现不同时期、不同对象之间的匹配。在传统意义上，无论是间接融资还是直接融资都有追求规模效益的冲动，因为对于他们来说，这样回报最高。

而相比较起来，中小投资人面对专业大机构也没有什么话语权，不专业、没有专门的时间参与，没有足够的信息渠道等等，都是劣势。

所以中小投资者没有更好的选择，只能把钱交给专业机构，再由专业机构去选择更合适的投资对象。这样做的结果是不但他们管理成本高企，而且配置的效果也难以惠及更大的范围。就像长尾效应一样，这些资本哪怕来自于中小投资者，也注定要去追逐市场前端 20% 的项目，那些中小投资的项目得不到关注。

但是当众筹的因素加入进来以后，格局就完全不同了。

就像希尔顿面对 Airbnb 一样，它会发现这个对手完全不在一个维度上。那些它曾经引以为豪的构筑好的高门槛，变成了对手根本就不经过的马其诺防线。

中小投资者可以通过众筹项目去发现自己能够投资的项目，中小企业可以通过这种方式去找到自己想要的投资。

也就是说，在一个新熟人社会里，通过新的方式，能够打通生产者、消费者和投资人，每个人都是资本家，每个人都是消费者，每个人都有可能是生产者。

这将是一个更自由链接的社会。

任何一个行业中的企业，不管是多么享有盛名，如果看不到这个趋势，就可能面临着新的风险和危机。因为它们将要面对的，是一个弹药无穷无尽，行踪神出鬼没的对手，它们将要面对的是汪洋一般的人民战争。

而任何一个行业的新创企业，不管对手有多么强大，市场占有率多么高，只要真正找到了一个哪怕很小的小众人群，真正解决了他们的问题，真正吸引了他们的关注，就可以活得很好。而一旦能够活下来，就具备了做大做强的可能性。

有一个地产老板在完成转型之后感慨，之前做项目想的是怎么把项目卖出去，绝对都是障碍；后来自己转变过来了，把自己放到业主群里，天天想的是怎么解决问题。半年时间过去了，问题都解决了，社群的活力爆发出来了，后面的事情越做越顺。

不再是通过一个服务者去满足所有用户的需求，而是制造了一个场景，在服务者的组织和配合下，让用户相互满足需求。这种三位一体的模式创新爆发出来的能量是惊人的。

中国式众筹是在互联网革命下半场的大背景下，结合新的模式创新和对于人性的深刻把握总结出来的新方法，无论对于新创企业，还是传统企业的变革都具有极为深远的意义。

众创浪潮与高失败率魔咒

当今中国，正处于经济社会发展转型的大变革时期，孕育了全世界最伟大的商业热土。在这片热土上，创业和创新已成为时代的最强音，点燃了无数人的激情与梦想。

改革开放以来，中国经历了4次创业浪潮。20世纪80年代，改革开放松绑了制度，释放出积压已久的巨大创业能量，掀起了一股"个体创业"的浪潮；1992 年，邓小平"南方谈话"之后，开启了以体制内精英人群"下海"为特征的"精英创业"浪潮；20 世纪 90 年代末，全球范围内互联网的快速发展，又在国内催生了一轮以互联网行业为主的"精英创业"浪潮；当时光推进到 2014 年，在中国经济社会发展转型的大背景下，神州大地又孕育了新一轮的"大众创业"浪潮。

无疑，"大众创业、万众创新"已成为当前中国经济转型发展进程中承前启后的关键词之一。2014 年 3 月 1 日，我国正式实施商事制度改革，注册公司平均用时大幅缩短；平均每天新注册企业量大幅增加；新增企业大多数属于第三产业和创新产业。同年 9 月 10 日，李克强总理在第八届夏季达沃斯论坛开幕式上强调，要借改革创新的东风，在中国 960 万平方公里的大地上掀起一个"大众创业、草根创业"的新浪潮，形成"万众创新、人人创新"的新态势。9 月 17 日，李克强总理在主持国务院常务会议时指出，进一步扶持小微企业发展，推动"大众创业、万众创新"。11 月 20 日，李克强总理又在首届世界互联网大会上强调：促进互联网共享、共治，推动"大众创业、万众创新"。

2015 年 3 月 5 日，李克强总理在一年一度的《政府工作报告》中，明确将"打造大众创业、万众创新"与"增加公共产品、公共服务"并列为中国经济发展"双引擎"！这一对时代特征和历史趋势的准确概括，正式拉开了中国改革开放以来第四次创业浪潮的大幕。不同于前三轮的"个体创业"和"精英创业"，这一轮的创业已不再是一个小众创业群体，而是要掀起大众创业的浪潮。创业和创新，已经成为当代中国人尤其是青年人的一种人生信仰！

然而，对于处于这片热土之上的创业者来说，这既是一个最好的时代，也是一个最坏的时代。

创业的高失败率是一个世界级难题。在中国快速变化的商业环境和尚待完善的政策法制环境之下，创业的艰难则更为突出。创业难，主要源于三大瓶颈：没钱！没人！没资源！

首先，融资难、融资贵对创业者来说是一个难以突破的普遍性问题。我国中小企业普遍存在融资渠道单一、直接融资匮乏、银行信贷难度大、融资成本高等瓶颈，严重制约着企业的健康成长。原因可以从三个方面分析：对企业自身来说，创业企业普遍经营能力较差，技术含量较低，自有资金不足，抗风险能力差，不能提供抵押或担保，信贷风险高。对金融机构来说，大型金融机构信贷资源普遍向大企业倾斜，缺乏为中小企业提供针对性服务的积极性；而中小金融机构的服务还不健全，高利贷等地下融资成本更为高昂。从政府职能看，我国货币政策、财政政策等存在"一刀切"的问题，中小企业总体上经营环境不佳、税收负担沉重。

其次，即使融到钱，也难以突破一系列发展瓶颈，难以摆脱高失败率的梦魇。创业公司除了融资难、融资贵，还存在多方面的发展瓶颈：缺人才、缺技术、缺经验、缺客户、缺品牌、缺营销……这些瓶颈导致大部分创业企业不可避免地走向失败。一般来说，创业企业失败率在70%以上，平均寿命不足 3 年；大学生创业成功率低于 5%。这一现象并非中国独有，欧美国家的创业失败率也很高。

可以说，创业太难！创业太累！创业太辛苦！创业曾让多少满怀激情的人一败涂地、铩羽而归；又曾让多少怀揣梦想的人心存顾忌、止步不前……

在"大众创业、万众创新"的时代呼唤和历史机遇下，如何破解创业高失败率的魔咒，已经成为摆在所有人面前的历史难题。

中国式众筹："大众创业、万众创新"的落地利器

2014 年，中国的历史上留下了许多印记。比如说，拉开了"大众创业、万众创新"的历史序幕；再比如说，该年被称为"中国众筹元年"。

随着互联网时代的深化发展，近年来，逐渐崛起的互联网金融已成为世人瞩目的商业现象，由于其提供了多样化的融资渠道和方式，为解决中小企业和初创企业融资难、融资贵的问题提供了新的契机。

如果说互联网金融是金融的皇冠，那么众筹就是皇冠上最耀眼的明珠。

起源于美国的基于互联网平台的众筹融资模式，在国外兴起仅有十多年时间。引入中国后，形成了一股学习和尝试的热潮，在中国这片商业热土上不断演变生长。2014年6月底，清华大学五道口金融学院院长吴晓灵在新金融联盟峰会上指出："P2P①和众筹是互联网金融未来发展的方向。"事实上，P2P通常被视为众筹中的债权模式。

中国传统的金融体系难以顺应"大众创业、万众创新"的历史潮流。资本市场长期畸形化发展，热钱对实体经济贡献不大，一定程度上导致天使投资和风险投资的发展不完善，中小企业融资难、融资贵。而众筹可以让社会闲置资金得到更高效的利用，更好地服务实体经济。2014年11月19日，李克强总理主持召开了国务院常务会议，决定进一步采取有力措施，缓解企业融资贵的问题。李克强总理在会上指出"建立资本市场小额再融资快速机制，开展股权众筹融资试点"，从而正式肯定了股权众筹的重要意义，使众筹在中国的发展迎来了新的历史机遇。

由于中国独特的文化基因和法制环境，西方的众筹模式在传入中国后，因为难以突破融资额太小、营销目的强、陌生人风险大、股权众筹存在法律瓶颈等问题或偏差，发生了一些分化和变异。例如，最早将众筹概念引入中国的"点名时间"，后来转型为智能产品的首发平台，采用"预售 + 团购"模式，不再标榜众筹。

然而，同样是中国特殊的文化土壤和制度环境，却孕育和产生了以北大1898咖啡馆为发端的具有本土原创性和颠覆性的新众筹模式。这种以筹人为核心的商业模式，超越了融资手段，回归了众筹本质，深刻

---

① P2P 金融指个人与个人间的小额借贷交易。——编者注

体现了费孝通先生提出的解释中国人组织行为逻辑的"差序格局"概念，体现了中国"熟人社会"中，重视人脉圈子、追求自我管理的文化特征和思维方式，我们称之为中国式众筹。

与其他众筹模式不同的是，中国式众筹具有很强的实战操作性、逻辑自洽性和完整的方法论体系，实操效果独树一帜，真正体现了互联网时代的时代精神——平等、共享、开放、去中心、网络化、自组织，具有极强的标杆意义和广阔的想象空间。

筹人胜于筹资，这是中国式众筹区别于西方众筹模式的核心特征。所谓筹人，是指众筹合伙人不但出钱，更要出力（出才能、出智慧、出人脉、出资源……），核心是将企业（或项目）未来发展所需资源提前锁定为股东，将高成本的外部交易变为低成本甚至零成本的内部合作，通过资源的匹配、激活和置换实现合作共赢。

在当代中国商业社会的发展进程中，作为中国式众筹的开山之作和演化原型，1898咖啡馆的诞生注定是一个具有重大颠覆性创新意义的商业事件，这种新"中国合伙人"模式也将成为打开未来社会无限想象空间的重要入口。自2013年10月18日1898咖啡馆开业以来，该模式在短时间内迅速扩散，产生了巨大影响力，凝聚了一批对众筹实操感兴趣的来自各个行业的企业家、管理者和创业者，大量的众筹项目在快速酝酿和推进之中。

中国式众筹的内在逻辑颠覆了传统的创业创新模式，能够大大提高创业成功率，解决创业高失败率这个世界性难题，成为"大众创业、万众创新"的完美落地利器，从而开启了一个创业新时代！

在前互联网时代，投资者、生产者、消费者相分离，个体创业是靠创业者和企业家自己不畏艰难、不辞辛劳，一点一滴积累、打拼和苦熬出来的。这一阶段我们称为创业1.0时代。

在互联网时代，投资者与生产者合作，创业者依靠天使投资、风险投资、私募股权投资等投资价值链，加快企业的发展步伐。即使如此，创业仍然存有很高的失败率，原因在于企业除了需要钱，更需要发展路上的各种资源。同时，还有许许多多的创业者拿不到投资，只能依靠缓慢的积累和打拼。这一阶段我们称为创业 2.0 时代。

在移动互联网时代，通过中国式众筹的创业方式，投资者、生产者、消费者合而为一，能够同时解决资金、人才、客户和品牌传播等几大创业难题，打破传统创业瓶颈，快速拼接优质资源，实现企业的跨越式发展。这一阶段我们称为创业 3.0 时代。

创业 3.0 时代，就是资源组装、协同共享、"打群架"的众筹创业时代！单打独斗、单纯依靠资本的创业时代将成为历史！

互联网革命的上半场是从线下到线上，阿里巴巴是其代表；下半场是从线上到线下，如现在比较热的 O2O（线上线下一体化）、C2B（消费者到企业）。众筹是互联网从线上走向线下的最好方式之一。互联网革命的下半场才刚刚开始，众筹将使所有行业重新洗牌。

本书系统地讨论了中国式众筹这一颠覆性创新的商业模式。我们在大量成功案例的实战基础上，梳理和总结了中国式众筹的内在逻辑和方法论体系。在实践过程中，我们越来越体会到这种模式的颠覆性和伟大的想象空间！相信本书会给每一位读者以震撼和启迪！

有了中国式众筹这一落地工具，众创时代的广阔空间已经打开！

众筹终将改变世界！

杨勇的逻辑和底线

众筹改变了商业的价值逻辑。

北京时间 2014 年 9 月 19 日，阿里巴巴在美国纳斯达克上市，成为全球最大 IPO、市值仅次于谷歌的第二大互联网公司和最大电商企业。

就在阿里巴巴上市的前一天，有一家中国咖啡馆同样创造了历史——其两分钟的宣传片在美国纽约时代广场的大屏幕上播放，成为中国第一家登陆纽约时代广场进行宣传展示的咖啡馆。

这就是北大 1898 咖啡馆。

播放 1898 咖啡馆宣传片的大屏幕——纽约时代广场蓝色天幕 1 号屏，位于纽约时代广场曝光机会最多的核心区域——达菲广场西侧，是中国最大的传播集团之一蓝色光标传播集团的子公司运营的数字大屏网络的核心资源。

　　一家咖啡馆，在国际顶级传播平台上展示宣传片，已经令人瞩目，更令人惊讶的是，宣传片从发起、组织，到拍摄、制作，再到宣传、展示，都是由 1898 咖啡馆的联合创始人自发、免费地提供相关资源来实现的。

　　宣传片的展示屏，由蓝色光标董事长赵文权提供。宣传片制作由虞铮的汇爱婚礼公司全程负责，拉卡拉董事长孙陶然、青青树动漫 CEO（首席执行官）武寒青、创客总部创始人陈荣根、奥琦玮董事长孔令博等人倾情出演，知名企业家、新东方教育科技集团董事长俞敏洪甚至客串了咖啡馆当天的值日生角色。

　　一家看上去不大、开业时间不长的众筹咖啡馆，竟能动员如此多的人力和物力资源！

　　2014 年 12 月 25 日，经过不到一个月的筹备，规模超三千人的中国式众筹分享大会在北京国家会议中心成功举行。此次大会，不仅有豪华的嘉宾阵容，对于主讲人、中国式众筹模式的缔造者、1898 咖啡馆董事长杨勇来说，分享内容也最为丰盛。

　　同时，这也是用众筹方式举办的一次盛会。本次大会由超过百位的志愿者提供会议服务；会务费以参会者事后随意打赏的形式筹集（通过微信支付，18.98 元起，不满意也可以不打赏）；会议现场的超大尺寸 LED（发光二极管）显示屏的费用也是众筹的产物。

　　大会取得了超预期的效果，估计带动了上百个潜在众筹项目，以每个项目总筹资额 3 000 万元计算，总价值可能达到几十亿元。

三级跳发展，快速迭代

　　2013 年 10 月 18 日，1898 咖啡馆正式开业，个人入资额度为第一批 3 万元，第二批 5 万元。这标志着中国式众筹模式的诞生。

2014 年 11 月，金融客咖啡正式开业，个人入资额度为第一批 30 万元，第二批 50 万元。同月，佳美儿童口腔医院开业，个人入资额度为 30 万元。

2015 年六七月间，杨勇的全球首单个人 IPO（以个人为标的进行股权众筹）开始，个人入资额度为第一批 300 万元，第二批 500 万元。

仅仅一年半的时间，中国式众筹实现了三级跳式的快速迭代发展。从 1898 咖啡馆、金融客咖啡这样的新型社会组织，到以佳美儿童口腔医院、花色优品为代表的中国式股权众筹，再到把个人当成一家公司看待并通过众筹方式募资的"杨勇人才 IPO"。

1898 咖啡馆从它诞生起，就具备了独有的理念和完整的逻辑，是一个比较成熟和可以复制的创新型模式。

1898 咖啡馆的基本规则看似很简单——"等额返卡，股份均等，3 年不倒闭"，然而这却是创新道路上不折不扣的一大步。等额返卡，突破了传统意义上公司股东与会员间的藩篱，实现"会员股东化"。股权均等，股东不再有传统意义上的大小之别，股东们对项目有着很强的参与感和归属感。拥有平等身份，享受股东地位，享用自己的出资额，集投资者、消费者和传播者于一体，股东们自然愿意把这样一个众筹的咖啡馆视为自己的"家"，并且"常回家看看"。同时，承诺 3 年不倒闭，3 年以后大家的卡消费完了，即使咖啡馆关门也没有心理负担。

与一般基于互联网实现单纯筹资的众筹模式相比，杨勇特别强调选人要严格，决不能"给钱就要"。杨勇认为，必须圈子优选才能激发大家互动，从而带动信息交流和业务合作。换言之，就是商业机会多、交易成本低并且可持续。

除了在选人和激活圈子方面进行了制度化设计，众筹组织的管理机制也有独特安排。执委会、监事会、经理人、秘书处各司其职，相互配合。联合创始人通过执委会实现对众筹项目的共管，但个人不参与具体经营；经理人负责咖啡馆运营；秘书处则专门为股东服务。

当然，作为一个新生事物，虽然1898咖啡馆有一整套较为完善的创新"玩法"，但大家还是觉得这是北大人做出来的，具有一定特殊性。当杨勇作为首席架构师与杨大勇、易辉、兰珍等人筹备金融客咖啡时，大家也都自然而然地把金融客咖啡的成败看作中国式众筹模式是否具备可复制性的关键答案。

30万元的入资门槛，1亿元的目标融资额，北京市金融街核心地段的仿古四合院，每一条都足够震撼，都是引发关注甚至引起担忧的理由。

事实证明，金融客咖啡不仅交出了一份令人满意又在情理之中的答卷，而且还在沿用1898咖啡馆众筹模式的基础上，根据实际情况有所创新，高举高打，出手不凡。在前期磨合过程中引入"能量午餐"，使意向发起人在吃饭、交友、主题分享的愉快氛围中，迅速完成了相互熟悉和凝聚共识的过程。可以说，每周一次的"能量午餐"，是金融客咖啡推进中的完美"催化剂"。与此同时，在如何"伺候"大腕与精英这个令一般人头痛的问题上，金融客咖啡形成了家人文化和严格守时的良好传统，把一家亲的氛围和令行禁止的制度完美地结合起来。

金融客咖啡的开业运营与2014年12月25日三千人众筹分享大会的成功举办，使中国主流人群开始对1898咖啡馆引领的中国式众筹"刮目相看"。而以往国外传入的面向陌生人的互联网平台众筹模式，因为金额小，很难引起中国精英人群的真正关注。

如果说1898咖啡馆及其模式，代表了一种新型社会组织，大家看重的不是直接财务回报，而是归属感、资源平台和圈子价值，那么，佳美儿童口腔医院和糖友空间的众筹，则是以财务回报为第一目标的中国式"股权众筹"。企业利用众筹的形式融资，更重要的是锁定未来发展所需要的具有互补性的各种资源；同时，众筹投资人也能够形成一个有广阔合作空间的高品质圈子。对此，佳美口腔董事长刘佳的总结很有代表性，"过去我是给基金打工"，现在通过众筹融资，"是大家给我打工，感觉太爽了"。

如果说 1898 咖啡馆是无心插柳行为，而在中国式众筹的演进道路上，人才 IPO 则是杨勇的必然"归宿"。

所谓人才 IPO，就是将个人视为一家成长性企业，以熟人圈众筹的方式出让股份、募集资金、汇聚人脉资源。杨勇以自己为标的，打造了全球第一例人才众筹项目——"杨勇人才 IPO"，把自己估值 5 亿元，出让 20% 股份，众筹不超过 40 名股东，每人出资 300 万元，募集 1 亿元资金……

把人当作一家公司来投资做众筹，匹配个人发展所需要的核心资源，标志着人力资本时代的真正到来。以此为起点，未来可能会形成一个崭新的、庞大的人才股票和人才投资市场，真正实现"投资就是投人"和信用的可交易性，把各类人才从公司制度的藩篱中解放出来，前景不可限量。

这里有必要说一下杨勇一直以来的梦想——"人才股票"。

杨勇从中学时代开始，一路保送，最后上了北大。初中时，凭借全国中学生物理竞赛一等奖，保送至湖北省重点学校——荆州中学读高中。高中时，又凭借全国中学生数学竞赛一等奖，保送至北大金融数学系。上大学之前他已自学了不少大学的课程。

大三时，杨勇凭借一份商业计划书，获得了大学生"挑战杯"创业大赛的二等奖。正是这份商业计划书，使杨勇对于人生效用曲线有了深入的了解。之后，杨勇与同宿舍的王驰、杨健组成团队，参加了"网易杯"全国数学建模大赛，并获得一等奖。同年，他修完了大学所有学分，于是有更多的时间去做自己想做的事。他的本科毕业论文的写作课题最终就确定为"人才股票"。

2001 年大学毕业之后，杨勇尝试了几份工作，并于 2004 年开始创业，主线就是实现他"人才股票"的梦想。

人才股票，简言之，就是把人当作一家公司来投资并获取投资收益。10 年来，只要听过他讲人才股票的人，都觉得这个项目难度太大、不太靠谱，甚至在创业之初，他自己也认为这个项目只有万分之二三的成功率。

但是，就是为了这样一个不被别人看好的梦想，杨勇一路坚持了10 年。为了推动人才股票，10 年间，杨勇面向大学生和社会精英群体，做了大量的基础性工作。例如，从 2005 年起，他的公司开始举办一项一两千人规模的大型活动——全国高校社团会长年会暨新青年领袖论坛，这是国内唯一一个规模大、影响力大、持续性强的面向青年领袖的活动，至今共举办了 9 届。

众筹为杨勇 "人才股票" 的梦想提供了完美的实现工具。

1898 咖啡馆引发广泛关注的同时，也引起了人们对其模式可复制性的质疑，而金融客咖啡强势地化解了大家的疑问，全球首例人才 IPO 沿着中国式众筹和杨勇长期探索的人才股票的脉络又一次强力地挑战了传统思维。杨勇作为中国式众筹模式的布道者，每操作一个案例都经过深思熟虑，强调用充分磨合来化解风险和疑问。

中国式众筹这个新生事物，已经形成一股洪流，浩浩荡荡，一发而不可阻挡。

杨勇的商业逻辑

大学期间，杨勇就开始创办学生社团和协会组织，创业期间在北大和中关村范围内，广泛参与了各类协会。中关村股权投资协会、中关村天使投资百人会、中关村人才协会、中国人力资源开发研究会、北大金融校友联合会等，杨勇都是核心参与者之一。而北京大学校友创业联合会的成立，杨勇更是主要推动者。

北京大学校友创业联合会，酝酿于 2007 年，成立于 2010 年，是北大批准成立的第一个服务年轻校友的官方组织，王璞担任首任会长，杨勇担任首任秘书长。创办北大1898咖啡馆的初衷，某种程度上是杨勇希望从北京大学校友创业联合会秘书长的位置上"退"下来。

在传统协会里面，秘书长都是干活儿的，杨勇也不例外。也正是在深度参与多个协会，尤其是北京大学校友创业联合会，兢兢业业为大家服务的过程中，杨勇一方面获得了大家的认可，另一方面也观察到传统协会存在的许多问题，开始思考解决方案。秘书长总是有任期的，怎么能既让自己"退"下来，又能保证协会健康运行呢？杨勇一直在思考这个问题，而1898咖啡馆就是答案。

"办这家咖啡馆对你有什么好处？"在1898咖啡馆影响日益扩大，各方神圣都来取经之时，许多人都会自然而然地问到这个问题。因为股权平均化了，没有一眼可以看到的好处。其实，很多人的潜台词是，"我有什么好处？"

多年的创业经历和参与多个协会的经验，让杨勇明白，做任何事情都不能先想自己的好处，必须先给别人好处，事情才能做下去。因此，1898咖啡馆作为杨勇解决传统协会弊端与实现自己"退下来"想法相结合的试验田，首先要解决的是咖啡馆能够给大家带来什么好处的问题。

在此基础上，"等额返卡，股份均等"等核心规则应运而生。其实就是让大家觉得超值：除了获得等额消费卡，还拥有平等身份和主人地位。此前，杨勇在跟大家沟通时说："我们开一家咖啡馆，大家一人出点钱，有一个自己的地方。我们经常得接待别人，把钱放在一起，用自己的地盘来接待。"当时校友的心理价位普遍在10万元左右。后来，第一批股东入资额定为3万元，同时还返了一张3万元的消费卡，而且咖啡馆里机会很多，能"帮助大家赚钱"，大家都觉得超值。杨勇的探索不仅解决了协会的场地和运营经费问题，改变了传统的协会运作模式，不再只是会长、秘书长等少数人操心和干活，而且形成大家共同出钱、出力的局面。

同样，"你怎么保证咖啡馆不倒闭？"也是初期许多人经常问到的一个尖锐问题。

创办 1898 咖啡馆，杨勇首先想到的是如何控制风险。一般人创业，往往会只想"好处"，这也是创业失败率高的原因之一。

杨勇承认，对于咖啡馆的运营自己开始的时候了解不深。要想保证咖啡馆活下去，必须做好最坏的打算，那么就要收足够多的钱，保证"3 年不倒闭"。这样，大家在 3 年时间里可以把入资的钱花完，即使 3 年以后咖啡馆关门，也互不相欠。

事实上，杨勇于 2013 年年底就已经不参与 1898 咖啡馆的具体运营了。

为什么呢？这样做可以旁观 1898 咖啡馆的发展，看这种模式有没有硬伤。同时，杨勇觉得，淡化自己可以使 1898 咖啡馆摆脱对他个人的依赖，激发大家的活力，从而使咖啡馆发展得更加健康。

2014 年春夏之际，国内媒体纷纷报道了一些众筹咖啡馆面临危机甚至倒闭的消息，如北京由 66 名美女众筹推出的 Her Coffee、珠三角等地的"很多人的咖啡馆"等。此前，杨勇就对很多质疑自己的人说过，"给钱就要、筹资不够多、租金太贵"这三大杀手会导致许多众筹咖啡馆很快死掉。为此，2014 年 7 月 27 日，杨勇第一次走出 1898 咖啡馆，在北京邮电大学零壹时光咖啡馆，面对爆棚的三四百名听众，分享了自己对于众筹操作风险的认识——"众筹 12 杀手"。

风险意识强，可能是杨勇与许多创业者的不同之处。后来，当 1898 咖啡馆、金融客咖啡影响日益扩大的时候，社会上对于中国式众筹又产生了另一种悖论：土豪、"不差钱"、不怕赔钱。

其实，降低股东的赢利预期，是为了创造一个更好的经营氛围。杨勇非常看重如何让众筹咖啡项目生存得更健康。例如，2014 年夏，在酝酿北京中央商务区投资并购咖啡馆众筹项目时，杨勇在中央商务区与几乎所有大楼的物业管理者进行了交流，并计划为这一区域中的所有写字楼都找一个楼长，楼长是本楼与投资并购咖啡馆的联系人，他的存在可以使双方的互动更顺畅。咖啡馆会经常办活动，写字楼里的白领都可以参与，咖啡馆还具有婚恋交友功能。类似这样的玩法，杨勇在不同的项目设计中都能体现出不同的特色亮点，使项目呈现多元化的价值，从而发展更健康。

国内权威杂志《销售与市场》记者杨启敏采访了杨勇，并以《新中国合伙人》为题做了详细报道。文章比较了中国式众筹与电影《中国合伙人》中新旧"合伙人"之间的差别。

众筹改变了商业的价值逻辑。

旧合伙人是单一封闭的价值逻辑：我们聚到一起就是奔着某个商业目标去的，要达成这个目标只有一条道路，必须心无旁骛，全力以赴。背后的原因是他们的创业资源来之不易，往往是赌上全部身家，只买得起一颗子弹，必须瞄准瞄准再瞄准，才敢扣动扳机。

而以杨勇的众筹1898咖啡馆为例的新"中国合伙人"，其商业价值是多元的、开放的。聚众的模式让资源更加丰富，大家完全无须指着一个咖啡馆的盈亏过日子，真正重要的是在这个以校友、熟人为基础的高质量社交网络里，可以交流碰撞出什么新的商业成果。同样以射击打比方，这种新的商业价值逻辑是先开枪，再瞄准，在如今这个瞬息万变的市场里，赢的概率更大。

先成全别人，再成就自己

一篇名为《有一种杀熟叫我想给你最好的》的"网红"文章里，杨勇被说成是中国最会"杀熟"的人，而且是"杀"出了高度，"杀"出了境界。看似玩笑，细细想来，确实有几分道理。

　　圈子、面子和人情，是中国文化和中国人交往方式的重要特征和普遍存在。一直以来，这些问题是所有中国人必须面对的，而且往往是"日用而不知"。无论是大牌企业家，还是普通人，大家既得其利也受其弊，有时又是只能做而不能说。不仅如此，人情与面子，往往这两个国人看重的因素，被视为管理进步与现代化发展的"敌对"因素。

　　中国式众筹，正是透彻研究并充分利用了这些传统文化因素的特点，并且努力把它向信任、互助的正能量方向引导。

　　在总体上，中国式众筹是把圈子、面子、人情，与一定的环境、一定的规则、一定的人群结合，从而产生相对良好的小氛围。一方面劝人向善，即实现"我为人人、人人为我"。"我为人人"引导大家都来当雷锋，这是一种获得圈子认可并且有面子的事情；"人人为我"即回报互利，至少在不损害他人利益的前提下各取所需。另一方面为恶者足戒，因为熟人圈子能够更大程度打消为恶的念头，大大提高做坏事的成本。因此，戴给杨勇"最会杀熟"帽子的同时，《有一种杀熟叫我想给你最好的》一文还说到，"只不过，中国式众筹杀出了境界和逼格。不再是损人利己而是我为人人，人人为我，可以阳谋（光明正大地赚钱），不要阴谋。因为杨众筹建设起来一个个好圈子（像北大1898咖啡馆，金融客咖啡），人人都想进来（必须严格筛选，光有钱不行，你懂的），进来干吗？杀熟。只不过，有一种杀熟叫捧场，有一种杀熟叫我想给你最好的。"

　　总而言之，我们可以把中国式众筹归结为通过成全别人来成就自己，是一种互相成就的文化与商业模式。

　　微观层面，中国式众筹对于国人面子、人情等因素形成了一整套对应的操作心得。比如，强调众筹项目要偷偷开始，先找好目标，私下交流，各个击破，避免因大张旗鼓导致的人情因素的干扰；项目发展到一定阶段后，利用规则和制度回避人情因素。杨勇一直强调做众筹要慢不要快，要充分磨合，凝聚核心，化解风险。这些都是基于对中国人文化特征深入了解的基础上提出的解决方案。

在 2014 年 12 月 25 日于北京国家会议中心召开的三千人众筹分享大会上，杨勇这样表述对于众筹的理解："我们理解的众筹，就是找到一群有共同价值观的人、有共同利益点的人，相互摩擦、相互作用，一定要有相互摩擦的过程，如果众筹没有相互摩擦的过程，后面一定会出问题，小摩擦越多，后面越健康，最后成长为大家想象的样子。"

听起来既乌托邦，又很现实。

哈尔滨工业大学法学院院长赵宏瑞教授考察 1898 咖啡馆后，与副院长郭丹联合撰文指出："此类'众筹'模式吻合我国传统儒商文明价值诉求之所在。它明显优于交易型、赞助式的 1.0 版本网络'众筹'，它更契合于儒商'谦和互助'的行为楷范；它是我国传统商会文明的现代写真，它是网络创业时代的人文和谐。"

2016 年 5 月 14 日，人民网发表习近平主席的讲话《落实共享发展是一门大学问》，其中谈道："共建才能共享，共建的过程也是共享的过程。要充分发扬民主，广泛汇聚民智，最大激发民力，形成人人参与，人人尽力，人人都有成就感的生动局面。"某种程度上可以说，中国式众

扫一扫：
关注杨勇微信公众号

你可以获取中国式众筹的最新资讯

筹的追求与习近平主席说的"人人参与，人人尽力，人人都有成就感"如出一辙。

因此，当以中国式众筹模式创设的咖啡馆或其他项目足够多的时候，对于中国社会回归优秀传统文化、不断提升整体素质来说，善莫大焉。

第一章

北大1898咖啡馆：
中国式众筹"策源地"

"筹人筹智筹资源"，作为中国式众筹的第一标杆，北大1898咖啡馆两年多时间里的一举一动，都引领着中国式众筹这个新生事物的走向。

从杨勇在1898咖啡馆成立不久的"急流勇退"，到郦红担任轮值主席提出"二次创业"，成立1898创投基金等举措，1898咖啡馆始终在集体智慧与担当精神双轮驱动下不断创新，不断远行。

北大1898咖啡馆：中国式众筹"策源地"

杨众筹自白：一个有理想、有原则、有个性的人的自我救赎之路

延伸阅读 玩的是人和钱，拼的是文化

有一种杀熟叫我想给你最好的

北大1898咖啡馆：中国式众筹"策源地"

北大 1898 咖啡馆众筹基本信息表

地址	北京市海淀区中关新园 9 号楼 电话：18819251898
人数	200 人
入资额	第一批 3 万元 / 人，第二批 5 万元 / 人
特点	北大校友创业之家
代表性活动	股东值班、午餐思享会、股东生日会
首席架构师	杨勇
现任轮值主席	阙登峰
现任秘书长	杜军
首席执行官	庄凤桃
运营长	蔡润维

第一家"校友创业"主题众筹咖啡馆

1898 咖啡馆与北京大学校友创业联合会有着天然的渊源。

北京大学校友创业联合会是北京大学校友会下属的分支机构，是杨勇联合北大纵横创始人王璞、一起写网（17xie）CEO 徐志勇、奥琦玮总经理孔令博等校友共同推动，于 2010 年 3 月由北大正式批准成立的。某种程度上可以说，北京大学校友创业联合会是北大首家以服务年轻校友为目标的官方组织，以三四十岁的中青年创业校友为主要服务对象。联合会以"汇聚校友力量，实现互惠共享，帮助校友持续创业，形成北大创业者全球的项目、资金、人才的互动"为宗旨，为北大校友创业者搭建与官、产、学、研、媒等各界朋友交流合作的平台，助力校友们持续创业发展。成立 6 年时间，联合会已成功举办了近 1000 期校友活动，组织走访了 220 多家各行各业优秀的校友企业，共有数万人次校友参与。

北京大学校友创业联合会开展了很多丰富多彩并且富于实效的活动，但缺乏属于自己的活动场地和运营经费。在杨勇看来，这是最需要解决的问题。为此，作为首任秘书长的杨勇动了不少脑筋，也补贴了不少钱。开一家咖啡馆是很早就有的想法，主要诉求就是解决北京大学校友创业联合会的活动场地和运行经费，但是一直找不到合适的场地。事实上，目前 1898 咖啡馆位于中关新园 9 号楼的 400 多平方米的场地，是杨勇持续跟进了两年才拿到的。杨勇对开咖啡馆并不熟悉，也没有什么把握，当时只是想，即使咖啡馆做不成，这个场地也可以用来做自己公司的办公室。

随后，围绕着咖啡馆如何服务好校友，并克服传统协会的缺点，杨勇开始构思一整套新的模式。首先，杨勇觉得，这家咖啡馆应该是大家的而不是少数人的。其次，既然是大家的，如何保证大家"常回家看看"呢？如果咖啡馆失败了怎么办？最终，杨勇提出校友咖啡馆众筹倡议：每人出资 3 万元且"等额返卡，股份均等，3 年不倒闭"，迅速得到了校友们的积极响应，经过一番前期的沟通和磨合，咖啡馆第一批联合创始人便陆续产生了。

2013 年 10 月 18 日，历经半年的筹备，1898 咖啡馆盛大开业。

当天，北京大学常务副校长吴志攀、中关村管委会副主任王汝芳、北京大学校友会秘书长李宇宁等出席开业仪式并致辞。中央宣传部原办公厅主任、北京大学首届研究生会主席薛启亮，以及王璞、刘佳、赵文权、孙陶然等北大创业校友代表出席活动并发表了演讲，特约央视知名主持人、北大校友张羽全程主持。1898 咖啡馆的牌匾是著名经济学家厉以宁先生题写的，厉老还专门题写了"从来新路新人找"的寄语。开业当天还有别出心裁的拍卖环节，拍品分别为第一杯咖啡、终生免费咖啡、未名湖图咖啡杯和江湖令，拍到者分别是宋宇海、赵文权、孙陶然、徐志勇，价格分别为 1 898 元、18 980 元、18 980 元、39 800 元。

从 18 日到 20 日这 3 天，全场免费提供咖啡及点心，总计超过 1 500 人次的校友及创业者前来体验、交流。短短 1 个月的时间，通过微信传播，世界各地的北大校友中就有很多人都知道了 1898 咖啡馆的存在。

1898 咖啡馆在室内设计上非常用心，既有历史厚度又有时代气息，在不经意间会让你发现许多北大特色元素：一进门，正对面的服务台后墙上装饰成了红楼的样子，能够马上勾起你的北大印象；左边的三角地，一层一层贴满了大家写下的感悟，那些真挚的话语能够瞬间点燃你的北大情怀，让许多校友又回到了那段青葱岁月；通道尽头素雅的"大学堂"，是一个能容纳 70 人的会议室，来到这里你就会期待着思想的交流和智慧的盛宴；木质桌子的桌号也是以博雅塔、未名湖等学校特色景点来命名的，

扫一扫：
关注 1898 咖啡馆微信公众号

你可以了解更多关于 1898 咖啡馆的内容

让你仿佛身临其境……

一整套众筹组织模式的创新玩法

2014 年春节，1898 咖啡馆通过微信和口碑传播在越来越大的熟人圈子中"火"起来了。谈论的人越来越多，来"取经"的人也越来越多，大家带着各自的想法，希望在这里获得点石成金的诀窍。不同的人、不同的想法、不同的商业模式，都极大地刺激了杨勇对众筹的思考和认识的深入。

以 1898 咖啡馆为基地，杨勇按照每月一到两次的频率，开始分享自己的实操经验。哈尔滨工业大学法学院院长赵宏瑞教授与杨勇交流后，写了一篇文章——《"众筹"公司的股权设置路径突破》，认为北大 1898 咖啡馆众筹模式与来自大洋彼岸的众筹模式完全不同，是一种符合中国文化特点的全新模式，他称之为众筹 2.0。同时，北大各地校友会，甚至其他高校的校友会也纷纷考虑参照 1898 咖啡馆众筹模式，建立自己的校友交流平台。

可以说，1898 咖啡馆自横空出世之日起，就拥有了一套完整且具有很强创新性和操作性的理念与规程，使得咖啡馆能够健康运行，而作为联合创始人的股东，能够各得其所。杨勇分享的 1898 咖啡馆实操心得，被北大校友刘锋整理命名为《咖啡馆众筹独孤九剑》，作为人们了解 1898 咖啡馆众筹模式的重要文章，在网络上广泛传播。

1898 咖啡馆众筹模式只面向熟人圈甄选股东，股东人数不超过 200 人，这样也规避了外界通常担心的非法集资风险。咖啡馆以开业为节点分前后两批招募股东，开业之前是第一批，出资额 3 万元；开业之后是第二批，出资额 5 万元。分批招募之所以有金额溢价，是因为考虑到前期组建有风险、有难度，参与的人投入多、贡献多。一旦咖啡馆成功开业，其口碑、影响力和圈子价值日益凸显，后期参与的价值和热情都会越来越高。

　　许多人找到杨勇咨询，并且在准备开始自己的项目时希望得到一个方案文本，杨勇往往是这样一句话："没有方案。"开始时大家不理解，为什么不拿出一个详细的方案呢？对此，杨勇的解释是，众筹靠的是大家集思广益，甚至是由大家来决定做与不做。因此，没有方案便于大家积极参与，而有了方案，反而限制了大家的思维，成了大家反对的靶子。即使开始时的一些想法不靠谱，但只要把大家的想法和资源汇聚起来，起初"不靠谱"的想法也会变得靠谱起来。

　　杨勇筹备1898咖啡馆时，就没有详细方案，只是确立了几条基本规则：按照出资额返还等额消费卡，股份完全平均，承诺3年内咖啡馆不倒闭。

　　"等额返卡、股份均等、3年不倒闭"，看似简单的规则对1898咖啡馆的成功具有举足轻重的意义。其核心价值在于，保证大家平等参与，并通过类似"保底"的反向思维来构筑防火墙，引导大家不仅出钱，更要出力，从而实现良好的预期管理和风险管控。

　　第一，"等额返卡"，出资人在获得内部承认的股东身份的同时，还按照出资额获得等额的储值消费卡。这一创新举措既能使大家欣然出钱，又能让大家"常回家看看"。人气自然会带动交流氛围的形成，这有利于校友们情感、信息的沟通与合作的促成。

　　咖啡馆如何筹钱效果更好？每个股东出多少钱合适？这都是筹备初期需要重点考虑的问题。杨勇没有预设一个投资金额，而是征求了许多校友的意见，了解大家的心理预期和心理价位。校友们一般觉得入资额应在10万元左右，最后确定第一批股东入资额为3万元，这个价位出乎很多人的意料，大家觉得并不多；同时还按照入资额等额返还消费卡，大家都觉得太值了，因为不觉得亏，所以参与起来就没有什么心理障碍。当然，钱也不能太少，太少则咖啡馆经营压力大，同时大家觉得小钱无所谓，出于人情考虑交了，但对于咖啡馆可能兴趣不大，这样参与感会变弱，后续运行就可能不太健康了。

第二，"股份均等"，抓住了中国人"宁当鸡头、不做凤尾"的心态，保证了大家都是咖啡馆平等的主人。这种方式形成的民主氛围调动了大家参与咖啡馆运营的积极性和主人翁意识。在具体操作上，由几位大家信任的股东作为注册股东，其他股东的股份由注册股东代持，这样也省去了增加或减少股东时签署文件的烦琐手续。

第三，"3年不倒闭"。开单体店咖啡馆是很难赚钱的，众筹咖啡馆是大家共同的平台，设计之初就要考虑不能短期内就倒闭。杨勇采用保底思维反向运作，在考虑最糟糕的经营财务状况下，如何保证咖啡馆"3年不倒闭"，并以此为底线来设计游戏规则。

在哈工大法学院赵宏瑞教授看来，被要求等额出资的200位"联合创始人"，被均等地授予了三大"特权"：平等的"股东"地位、可消费的"入股"资金、资源就近的创业氛围。赵宏瑞认为："联合创始人拥有三大特权的北大'众筹'咖啡馆，实际上突破了——入股资金不能自主消费、股东有大有小会缺失平等地位、创意隔绝无法坦率交流这三大既往的企业机制瓶颈，简单说，'入股'者既是'股东'，又是'会员'，店客一家，弥合了过往常常浮现的股东与客户之间不睦的博弈局面。此例'众筹'，开启了'众筹模式'的2.0时代。"

1898咖啡馆的众筹模式，通过"小圈子"打造"大平台"，基于股东校友的信任形成高效互动合作，围绕创新创业主题，汇聚官、产、学、研、媒等全方位资源，形成创业生态圈，为企业家、创业者、投资人提供聚会、学习、交流和合作的平台，使创业者在这里能够获得自己所需要的支持，让好项目更容易找到投资，让资金更容易找到好项目。

通过"等额返卡、股份均等"的去中心设计，股东集投资者、消费者、推广者三种身份于一身，产生强烈的参与感、归属感和荣誉感。这种设计既筹集了咖啡馆运营资金，又锁定了最初的消费群体。由于发起人手中持有大额消费卡，除了自己消费，出于主人翁的精神和强烈的自豪感，他们会主动宣传咖啡馆，从而带动熟人圈消费。这样一来，既带动了咖啡馆内部的活跃，也提升了咖啡馆的人气和营业收入，大大降低了成立初期的经营风险。这种三位一体的身份特征将供给方和需求方统一起来，实现了自动口碑传播。

这种方式让股东获得了参与感、归属感和荣誉感，不但超越了传统的行业协会组织和会员制俱乐部带给会员的参与感，也超越了许多企业让客户获得"参与感"的营销方式所能产生的效果。道理很简单，因为大家是咖啡馆平等的主人。

基于校友的熟人圈和严格筛选股东，产生混搭效应，充分促进跨界合作。杨勇一直强调，做众筹咖啡馆，决不能"给钱就要"。1898咖啡馆从年龄、院系、行业、发展阶段等维度去筛选股东，优化股东结构。严格筛选股东的好处显而易见，它保证了圈子的质量，形成了稀缺效应，为跨界合作提供了最大的可能性。

众筹咖啡馆的组织架构设计很有特色，设有执委会、监事会、轮值主席、秘书处。执委会相当于董事会，执委要求由圈子里有一定公信力且乐于作为志愿者为大家服务的人担任。秘书处的主要任务是为股东提供服务，说白了就是帮股东赚钱。同时，招募职业经理人专职打理咖啡馆的日常运营。这样，几方面的权利与义务都得以平衡与兼顾。执委定期轮换，可以随时过问咖啡馆的经营情况；股东一年获得一份财务报告，如果认为有问题，可以通过执委"代言"查账。

在1898咖啡馆，像这样的组织模式的设计亮点还有很多，例如通过"股东值班制"激励股东互动参与：每位股东每年要在咖啡馆值一天班，上午当服务员，体会一下服务工作；下午约朋友在此聚会聊天；晚上要办一场主题活动。这不仅提高了大家的参与感和归属感，客观上也起到扩大宣传、提升消费的效果……

总之，1898咖啡馆形成了一整套中国式众筹的组织模式和实操方法。

作为全国第一家以"校友创业"为主题的众筹咖啡馆，1898咖啡馆体现了中国式众筹的典型特征：筹人比筹资更重要；不仅出钱，更要出力；筹集才能、智慧、资源、人脉……一个都不能少。

1898 咖啡馆从筹备到开张，就是联合创始人共同出钱、出力的结果。咖啡馆内悬挂的乐视电子屏，是联合创始人、乐视高级副总裁高飞捐赠的；整整两面墙的书架上摆满的各类经典图书，是联合创始人、当当网 CEO 李国庆捐赠的；咖啡馆使用的饮水杯具，是联合创始人、花色优品创始人万格格捐赠的，标识也是花色优品免费设计的……这样的贡献也能给付出者带来一些好处，例如经常会有人询价购买乐视电子屏或者花色优品的创意产品……事实上，这三五万元的咖啡馆入资，很多股东很快就通过股东圈子的资源整合赚回去了。

前文提到，1898 咖啡馆在纽约时代广场大屏幕播放宣传片，也是股东们出钱出力、自主协作的结果。纽约时代广场是全球知名品牌的传播圣地，可口可乐、三星、索尼等国际大牌企业长期在此宣传，五粮液、银联国际、海尔、伊利等中国品牌也曾先后登陆。1898 咖啡馆的宣传片由第三任轮值主席郦红牵头推动，从发起、组织，到拍摄、制作，再到宣传、展示，都是由 1898 咖啡馆的联合创始人自发提供相关资源来实现的。

一家看上去普普通通的咖啡馆，能动员这么多的人力和物力资源，而且股东们能自发组织起来实现目标，这是一件多么具有梦幻色彩的、令人震撼的事情！

大部分单店咖啡馆是不赚钱的，所以最初做咖啡馆时大家预期都比较低。从 1898 咖啡馆近两年的经营情况来看，实际运营情况要比预计的好很多，当初设想可能有 20% 的消费者是股东之外的人群，而目前每天流水的 70% 都来自非股东群体。

这，就是 1898 咖啡馆众筹模式的神奇魅力！

在这里，以咖啡馆为载体和交汇点，整合和对接了各类资源，围绕创业主题形成生态系统，把北大精神和人文特质辐射出去、发扬光大；在这里，越来越多的人结交了朋友，深化了情谊，收获了思想，开创了事业，升华了精神……

持续迭代的创新创业交易所和孵化器

1898咖啡馆的独特魅力在于，从诞生伊始，就形成了一种与众不同的组织形态，成为一个自成长、自治理的自组织，一个高效率的孵化器和交易所。2014年年底，1898咖啡馆获批为"中关村创新孵化器"，不久后又获得"中关村优秀创业服务机构奖"。

1898投融资俱乐部，是由咖啡馆联合创始人、北大1991级哲学系校友程斌等作为志愿者，自发形成的公益性的非正式组织。俱乐部依托北京大学校友创业联合会和1898咖啡馆联合创始人的资源支持，帮助创业校友高效融资，帮助投资校友发现好项目，搭建内行而互信的北大校友创业投融资对接交流平台。

2014年4月18日，俱乐部举办了首场校友项目会。此后俱乐部得到了北大创投、创新工场、新东方投资、真格基金、金石投资、赛富基金、天翼资本、普凯资本、虎童基金、顺为资本、创客总部等诸多知名投资机构的大力支持，也得到了北大校友和不少成功创业者、天使投资人的大力支持。

这一自发形成、自我管理的松散型俱乐部，组织开展了大量活动：收集创业项目材料，对接项目投融资资源，举办各类项目路演会，邀请业界大佬举办"1898投资讲堂"，与各类创业孵化和投资机构合作……这些活动对创业者和投资人都是很有价值的，得到了一致好评。

咖啡馆股东之间本身就有着很好的信任基础，通过俱乐部组织的各类活动，对接了校友之间的融资、投资需求，促成了校友之间的深度交流合作，实现了多方共赢。

北大1982级中文系校友武寒青，是中国成立时间最长的民营动画品牌公司——北京青青树动漫科技有限公司的CEO。这家公司出品了诸多的中国原创动画，其中最具知名度的是大型动画片《魁拔》，曾获国内外多个奖项，并销往全球90多个国家和地区，在国内动漫界有着极高的地位和声望。

作为较早加入 1898 咖啡馆的联合创始人，这一新身份给武寒青事业的发展带来了新的契机。

动漫大电影《魁拔》每拍一部都需要对外融资，2014 年制作和公映的《魁拔Ⅲ》同样需要几千万元的融资。1898 咖啡馆联合创始人、北京信利律师事务所主任律师、北大 1977 级法律系校友谢思敏，鼓励武寒青依托 1898 投融资俱乐部进行路演，在校友内部融资。

让武寒青没想到的是，路演结束后，马上就有校友表示愿意一人承担全部融资额，但最终武寒青还是选择了众筹方式——1898 咖啡馆的众筹经验说明，让更多人参与进来，不仅是融资，更会引入各种资源，对青青树公司未来的发展会起到超越融资的促进效果。于是，《魁拔Ⅲ》成为 1898 投融资俱乐部第一个融资路演的项目，武寒青也成为第一位成功获得融资的联合创始人。《魁拔Ⅲ》上映后，获得业内一致好评，并荣获"第 10 届中国国际动漫节金猴奖——最具潜力奖"、"第 30 届中国电影金鸡奖——最佳美术片"提名等一系列奖项。

众筹改变了武寒青的商业思维方式，也使她成为 1898 咖啡馆各类活动的积极参与者。

联合创始人陈荣根是北大 1990 级数学系校友，也是创客总部的创始人。创客总部是由联想之星创业联盟成员企业、北大校友、中关村科技园区海淀园创业服务中心共同发起成立的移动互联和互联网金融孵化器，首创"业务对接 + 组合投资"协同创业模式。创客总部的孵化器基金也是通过众筹产生的，在 1898 咖啡馆做了路演，前后只用了几个星期时间，两三千万的资金就到位了。

很多校友说，自从有了 1898 咖啡馆，几个月里跟同学、朋友见面的次数比过去 20 年还多。没有咖啡馆时，大家想见面但都觉得对方太忙；有了咖啡馆这个属于自己的空间以后，有事约在咖啡馆谈，没事也愿意往咖啡馆跑，见面的频率非常高。见面之后能谈什么，无非是谈思想、谈合作、谈生意，很多好项目很容易就成功了，这就是线下实体所带来的巨大好处。自从有了1898咖啡馆，很明显的现象是，校友们越来越活跃，交流、分享、合作越来越多。

1898咖啡馆是一个开放的平台，随着其影响力的扩大，大量的非校友项目和资源在这个平台上可以自由联结。当咖啡馆有许多高价值的活动、有许多圈子里的牛人的时候，很多人都愿意过来参与交流，咖啡馆的客流自然也就带动起来了。

2015年年初，在1898咖啡馆时任轮值主席、欧亚投资董事长郦红的大力支持和推动下，1898咖啡馆开始了二次创业，踏上了新的征程。1898咖啡馆的二次创业是围绕创新孵化展开的。以1898咖啡馆为平台建立两大支柱："1898创天下"和"1898创投基金"。

1898创新孵化专业委员会由决胜网董事长阚登峰牵头，将二次创业的目标确定为打造全球最大的创业者与投资人的社交平台，委员会推出了"1898创天下"平台（包括PC端和移动端），对接创业者和投资人，在短短几个月的时间里就取得了显著成效。

2015年7月18日下午，北京大学校友创业联合会嘉宾答谢酒会暨1898咖啡馆众筹基金启动仪式隆重举行。中坤投资集团董事长、1977级中文系校友黄怒波，北大医学部党委副书记、1987级力学系校友李文胜等特约嘉宾出席活动；拉卡拉集团董事长、1987级经济学院校友孙陶然，北大资产经营有限公司高级副总裁、1982级法律系校友韦俊民，德杰律师事务所亚洲业务执行合伙人、1977级法律系校友陶景洲，新浪网创始人、点击科技董事长兼总裁、1984级无线电系校友王志东，佳美口腔董事长、2005级国家发展研究院校友刘佳等80多位联合创始人，及定向邀请的60多位北大校友莅临现场。央视著名主持人、北大1988级国际政治系校友张羽主持了本次活动。

会上，郦红代表1898咖啡馆分别与北大产业技术研究院副院长郭蕾、《创业天下》杂志CEO宗玉婕就合作签署了战略合作协议。1898咖啡馆与北大产业技术研究院将基于北大人才与学科综合资源和平台优势，共同开设北大创业 Mooc 合作专区，助力大学生创新创业，1898 咖啡馆选派的导师可获颁北大创业导师证。而《创业天下》杂志将作为 1898 咖啡馆对外宣传的战略合作媒体，定期就 1898 创业股东、优质创业项目、知名企业家等进行宣传报道。

1898 创投基金于 2015 年 8 月 13 日召开第一次线下说明会，参加的 50 多人中，当场有 30 人签署了意向协议。基金秉持共创共享的理念，给 1898 咖啡馆 10% 干股以发挥投资人和众多股东的作用，助力企业发展。基金计划募集 5 000 万元，因大家参与热情高涨，最终实现了 1 亿元的超额募集。

谈到 1898 创投基金的优势，郦红认为："一是北大校友创业联合会多年的积淀作为依托。北大的创业校友很多，我们很清楚他们在做什么项目，同时他们也很需要融资，这样基金就不必去海选项目。二是 1898 平台上有很多的股东，目前有 150 多位，其中 2/3 是创业校友，他们有好的投资机会肯定愿意留给我们。三是 1898 创投基金投资校友企业时，不会像一般的财务投资人那样投完基本不管或是没有能力管。1898 平台上有很多资源，基金投资后能给它们提供其他的帮助。"

1898 咖啡馆既是北大校友的创业之家，也是北大人的精神家园，更是中国式众筹的策源地。1898 创投基金以校友众筹的方式募集，为创业校友更好地发展服务，为 1898 咖啡馆的二次创业开辟了新的路径。引领中国式众筹发展的 1898 咖啡馆，将继续构建全球创业者社交平台，成为创业创新的典范。

2006 年 6 月 8 日，北京市科技创新创业服务实体经济工作推进会召开。会上，1898 咖啡馆被授予"北京市众创空间"称号。

1898众筹模式引爆影响力

值得一提的是，中国式众筹模式的广泛传播，要特别感谢微信。的确，微信使信息交流更加便捷化、透明化，成为中国式众筹的完美操作工具，使中国式众筹不胫而走。当时微信500人的大群还很少，北大校友、知名企业家丁健帮忙找到马化腾先生，于是杨勇手里有了500人的大群，这对于传播中国式众筹理念功不可没。

1898咖啡馆开业之后，没有主动寻求多方媒体进行报道，却出人意料地引发了巨大反响。其独特的组织方式、强大的整合资源能力和募资能力，产生了极大的冲击力，仅仅用了一个月的时间就通过微信在熟人圈中层层扩散。

在2013年11月于深圳召开的北大全球校友工作会上，共有20多个地方校友会希望开设1898咖啡馆连锁店，火爆程度远超预期。其他高校的100多个校友会也纷纷仿效1898众筹模式，构建自己的校友众筹交流平台。

不到一年的时间，北大两任校长造访1898咖啡馆并与校友们深入交流。2014年6月5日，时任北大校长的王恩哥教授，受1898咖啡馆联合创始人王志东的邀请，来1898咖啡馆与部分校友代表座谈交流，征求了校友们对燕京学堂等学校工作的意见和建议。2015年2月27日，刚刚出任北大校长不到半个月的林建华教授，应1898咖啡馆联合创始人、中国生物多样性保护与绿色发展基金会秘书长周晋峰的邀请，到1898咖啡馆与校友们座谈，介绍了北大未来的工作思路，并就大家感兴趣的话题进行了交流。据说林建华校长早就"微服私访"过1898咖啡馆。吴志攀副校长、在央行工作的北大校友等，都曾带领自己的博士或博士后来1898咖啡馆请杨勇分享众筹创新模式；中关村管委会主任郭洪也曾带领管委会几位处长到1898咖啡馆调研，对1898咖啡馆众筹模式非常认可，计划将众筹作为中关村的重大创新领域给予扶持。

　　国内龙头券商中信证券的一位领导邀请杨勇给公司全体高管讲众筹，杨勇调侃说众筹能把很多行业颠覆掉，该领导回应说：先把我们证券公司颠覆了吧……

　　北京市金融工作局霍学文书记，以及证监会的相关领导等也曾陆续到 1898 咖啡馆调研众筹……去过 1898 咖啡馆的政府官员、知名学者很多，无法一一列举。

　　各地北大校友开始在全球推动许多类似 1898 咖啡馆的社群平台。例如，2015 年 8 月 29 日，甘肃兰州 1898 咖啡馆盛大开业。随后，浙江杭州、河北秦皇岛、安徽合肥、云南昆明、美国硅谷……将陆续筹备开业，1898 咖啡馆全球布局迈出实质性步伐。

　　同时，这一模式在海外也产生了巨大影响力，并且已经开花结果。温哥华 1029 咖啡馆就是完全复制 1898 咖啡馆模式建立的第一家海外华人众筹咖啡馆，聚集了温哥华成功企业家、创业者、高校教授及各行业精英，打造以温哥华为中心的创业投资的人脉资源平台。1029 咖啡馆因于 2014 年 10 月 29 日召开首次发起人会议而得名，首期股东募集 100 人，每人 1 万加元，同股同权。首席架构师是大连海事大学管理学院博士生导师张家卫教授，张教授曾经每天把杨勇在朋友圈中分享的众筹心得逐条抄录下来整理学习。作为中国式众筹的海外代表，1029 咖啡馆契合了海外华人对传统儒商文化的价值诉求，解决了他们热衷于人脉圈子建设却普遍黏性不足的难题，为海外华人实现创业梦想提供了平台。温哥华当地华人报纸以及网站对于 1029 咖啡馆的筹建和成立纷纷给予了持续的关注和报道。

　　作为中国式众筹的策源地，1898 咖啡馆是在中国独特的文化土壤之中厚积薄发的结果，而这既是其诞生于中国的原因，也是其发挥巨大示范效应的原因。

杨众筹自白：

一个有理想、有原则、有个性的人的自我救赎之路

做众筹不是追风，而是十多年一以贯之追求的阶段性成果。

因为1898咖啡馆、金融客咖啡等中国式众筹项目的成功，杨勇成了热点人物。

很多没有见过杨勇的人，想当然地认为作为中国式众筹的模式设计者，杨勇应该是一位社交达人，年龄相对较大，朋友遍天下。恰恰相反，杨勇年岁在而立与不惑之间，还算年轻；更重要的是，他比较内向，参加社交活动不多，不喝酒，爱好也相对较少，要说有爱好的话，就是喜欢思考些事情。

那么，为什么是杨勇设计出了中国式众筹的模式？它的出现对于时下有何深意？

有时，杨勇自己也会思考这些问题。他认为，众筹是中国人特定社会背景下的一种自我救赎。十年前众筹没戏，因为那时经济社会的发展与观念相对落后，如今，时代不同了，大家腰包鼓起来后，自然希望得到更好的服务。然而，这些已然成为奢侈品：干净的食品、新鲜的空气、称心如意的医疗和教育条件如同梦境。现实条件下人们只能选择自救。这是众筹的源头。

从创业甚至是更早时起，在过去的十多年里，杨勇其实是在为实现人生的突破而埋头作积累。不爱求人，他只能依靠自己的努力一点点前行。这一点很像杨勇家乡的毛竹，在爆发前，竹笋一直深深地埋头扎根，一旦长出地面则一发不可收拾，每天都快速生长，很短时间便长到二三十米的高度。在这个快速发展并充满问题的社会，杨勇自认为最骄傲的是十年的创业路程，抱定自己最初的人才股票目标理想，一步步走来，并且始终守住了底线。

作为 20 世纪 70 年代末期出生的人，杨勇明确自己的标签是：有理想，有原则，有个性。在当今社会，想保有理想、原则、个性，必须另辟蹊径。通过"中国式众筹"塑造一个理想的环境，从而完成自我救赎。可以说，杨勇做众筹是为了解决自己的问题。同时，也许，它还能解决中国社会的一些痼疾。

在杨勇的人生道路中，应该说是先有"人才IPO"，再有众筹，而不是现在一般人认为的"这家伙众筹做得不错就开始卖自己了"。在朋友眼里，杨勇有五大优点：专注、务实、坚持、创新、情怀。"这也是他们选择我的原因之一"。

2015 年 11 月 30 日晚，为庆祝《中国式众筹——互联网革命的下半场》一书的出版，由 1898 咖啡馆、总裁书院及时代光华图书有限公司联合举办的"众筹之夜"活动在北大博雅国际酒店中华厅举行。现场座无虚席，各行业关心关注众筹的朋友相聚在这里分享这本书台前幕后的故事。作为当晚的主角，杨勇也非常感慨，他打开心扉，分享了自己的心路历程。以前讲项目，讲前景；今天讲缘起，讲初心。做众筹不是追风，而是十多年一以贯之追求的阶段性成果。

这两年时间我基本上面对面见了 15 000 人左右，没有周六周日，也不分早晚。基本上除了吃饭睡觉就在琢磨众筹，很多人看我的工作节奏以为我还单身，因为没有什么私人生活。为什么要把自己搞得这么累，为什么要去做众筹？我想跟大家说说心里话，讲讲中国式众筹的真正来源，这就是我——一个有理想、有原则、有个性的人的自我救赎之道。

1. 理想

第一点谈谈理想。我是1979年生人，我所受到的教育让我从很早就开始希望能够对社会有些贡献，能够影响一些人。我的经历也很简单，2001年从北大数学系毕业，到今天还是本科学历，基本上在朋友圈子里学历是最低的。但是我现在做的所有事情，根源都在于我本科毕业时候写的论文——《人才风险投资》。当时讲出来没有人信，成功的概率可能也就是万分之一，但说实话，我对于平庸的恐惧大于对失败的恐惧，所以我一直坚定不移地想要去做，因为觉得这无论对于创业者，对于社会关系的改善，对于社会资源的配置都有很重要的意义。这一点我不怀疑，只是通过什么样的路径来实现呢？

我毕业之后去一家报社工作了几年，跟HR有关系，当时想这可能对人才投资有些帮助。工作了三年之后就开始创业，从做各种社团工作到建立北大校友创业联合会，一路走过来。在北大校友创业联合会几年时间，拜访了四五百家校友企业。由于大家有一个见面交流的需求，所以催生了1898咖啡馆。正好契合了时代的需求，碰上了众筹这个概念，在这个基础上不断创新，见了上万人，跟几百个行业的人交流。因为交流的人都是在各自行业很牛的人，发现采用这种新的方式去做之后完全可以改写行业格局，所以兴趣非常大，于是影响也越来越大，就这么走过来。

我想说自己做众筹不是心血来潮，不是要追风口。它是15年前的设想在今天的回响，是15年来在这个领域探索的经历与今天时代需求的一个交集。为什么我叫它中国式众筹？就是因为这些玩法跟现在流行的大多数众筹都不一样。所有真正这样去做项目的股东，都感受到了这种不同。为什么这些股东都称之为家人？为什么说先筹人，再筹钱？这些口诀式的心法后面都有多年实践的支撑。

2. 原则

第二点我想说的是原则。这一路走过来，我其实很骄傲的一点是坚守了自己的原则底线，我还是一个底线比较高的人，坚守得很辛苦，但是坚持下来了。当然有一个很重要的原因，我接触最多的还是以北大的校友为主。这有一个好处，基本上都是好人，还没有遇到没有底线的人。可能以后做众筹项目多了，遇到的人也会更复杂一些。但是我觉得众筹项目，或者说众筹咖啡馆有一个好处在哪里？就是先选人，选完之后都在一个圈子里。你怎么做有其他人在看。你骗一个人的成本低，骗一百多个人的成本很高。一次博弈的成本低，但是在这个圈子里是多次博弈的过程，最后谁是什么样的人，谁适合什么样的合作都清清楚楚。规则就建立起来了。你看这个过程非常有意思，一个精明的人和一个老实人，你觉得最后在这个圈子里谁的机会更多？走到最后的是老实人。这样一个一个的圈子都有规则，就帮助大家守住了原则。

现在，多数在社会上混了几年的人都开始不相信原则，这个社会怎么会好呢？大家都对彼此有太多防范，试探的成本很高。所以我希望能够推动成百上千个，往后大家一起做几万个、几十万个好的众筹项目，建立起圈子。逐渐从小气候影响大气候，再影响更大一点的环境，最后改变一些东西。

3. 个性

第三点我是有个性的人。首先，我并不是一个爱社交的人。很多人不相信，觉得我一年参加那么多活动，有那么多朋友或者资源。其实我参加的活动很多都是我自己办的，从我创业开始举办过很多活动，也见过很多名人，但是从内心来说，我其实是不爱社交的，希望把更多时间留给自己。

　　我做这些众筹项目不是因为有资源所以要去变现，而是觉得缺少一个靠谱的放心的社交圈，所以希望能够去补，这一点跟大家想的可能不一样。众筹咖啡馆有一个很棒的机制，它能吸引更多的牛人进来，牛人多了越来越牛，而且给大家安全感。今天每个人都忙于社交，认识了一个什么人觉得可能以后有用，就要去维持，多数时候是一种无用的关系。因为你不知道什么时候会用到这些关系，但又不得不维持，而有了这种咖啡馆之后你会发现，有什么事情在股东群里一说，大家都乐于帮助，因为你帮助了人别人都看得见。关系特别简单，所以你就可以把精力放在维护最重要的关系上，关系变得很简单，人也活得更简单。

　　我也是一个比较直的人，说话不喜欢转弯抹角。这样就容易得罪人。不少时候是为了整个组织的利益出面说直话，说了对大家好，但是说了也得罪人。这样的人其实在社会上混也挺难的。但是在众筹项目的组织里头，大家对你非常宽容，也非常理解。

　　我还有一个想法。虽然本人并不情愿，但是也逐渐走到前台来。有些朋友就希望我能够帮忙解决一些问题。很多事情我也能帮上忙，但是实在是没有时间。所以准备在人才IPO成功之后拿出一部分钱请一个专门的人来给朋友们做管家服务，这样的方式对很多人来说很有意义，也把关系变得更简单。

4. 自我救赎

　　当我回顾这些的时候，我在思考，其实我做这些事情真正的动力在哪里？我实际上是在为自己找一条路，希望活得能够坚持理想，能够坚持原则，能够保持个性。有这些特点的人在当今社会上生存都不容易，所以我希望营造一些环境来实现自我救赎。而幸运的是在这个过程中也找到了一些同路人，他们也希望能够选择这样的生活方式，所以我们就走到了一起，而且一起在推动着一些事情。

今天我们已经实现了一些目标，从1898咖啡馆到金融客咖啡，从佳美儿童口腔医院到花色优品众筹，从经心书院到中海广场，从水立方到温哥华1029咖啡馆，一个一个项目走下来已经开始成熟，而且开始发挥它们的影响力。1898咖啡馆已经有十几个省市分店加盟，1029咖啡馆让中国式众筹走到了加拿大温哥华。

我在这里也简单描述一下我们的路径：第一是大量推这类众筹咖啡馆项目，说起来是咖啡馆，实际上是一个新的公共空间，把一个主题下的人聚在一起。今年希望推动十个，明年希望推动上百个，以后成倍增长。第二是做公益，包括之前我讲过的通过众筹的方式帮北大一栋新楼筹资。这条路走通之后大量的学校、公益组织都可以采取这种方式去做，真正意义上推动一些社会的改善。第三就是做人才IPO，这现在让很多人很激动，因为它极大地解放了有才能的人，所以很多人都在等着尝试把自己IPO了。我也说一下我的进展，其实如果只是收钱的话早就完成了，现在卡在哪里了？缺少一个公众人物领衔。其实这段时间我拜访过很多公众人物，交流的时候他们都说非常震撼，这个想法有创新，但是要他们站出来支持的时候他们都非常谨慎，怕我把他们骗了。这也的确是人才风险投资，就像孙正义当年投资马云一样，也要冒一定的风险。我们今天很多人都在羡慕孙正义的眼光，但是并不是所有人都有他那样的勇气。

我不知道大家相不相信有天意这回事，这两年多的众筹过程中我越来越觉得冥冥之中有一只无形的手在推动着自己。按照自己的内心想法去做的事情往往越走越顺，稍微偏离了一点最后发现还是有问题的，所以我觉得还是带着一种使命在做。我对众筹的理解是三个关键词——互助、共享和自组织，我也希望跟大家一道，去推动更多的互助、共享、自组织的项目，最终为那些有理想、有原则、有个性的人营造一个更好的环境，也为社会营造一个更好的环境，谢谢大家！

延伸阅读

众筹玩的是人和钱，拼的是文化

蔡方华

　　作为毕业二十多年的老北大人，我有一点微妙的体会。北大人在社会上做人难一点，做事情比较容易。每当有人听说你毕业于北大时，总会用一种既仰慕又狐疑的目光看着你。那意思好像是说，你连北大都考得上，还有什么坏事做不出来？但遇上拼本事干活的时候，北大人就从容起来了。北大人扎实的学问功底，不受羁绊的思维方式，平时只能用来熬鸡汤的人文情怀，都会在实务中发挥意想不到的作用。这种独特而又很难说清的境遇，让北大人彼此有一种认同感。一个符号、一张照片、一首歌就能唤起他们共同的回忆，在他们的心脏里泵起同样的激情。

　　中国式众筹最先从北大发轫，由新一代北大人杨勇“发明”出来，其实与这种认同感有着很深的关系。1898咖啡馆最初是在北大校友中募集资金的，不带外边人玩。这种“排外”首先就带来了内聚力。只有在价值观比较一致的人群中，才能仅凭一个概念就圈到一大笔钱。股东们认的不是市场回报，而是身份标识。在众筹的过程中，他们好像找到了早就扔掉但现在又怀念不已的校徽。那个劲儿，真是难与君说。现在，谁要是在外边说，自己是1898咖啡馆的原始股东，基本上就自带光环了。可惜我不是。

微博出现之后，众筹就开始进入中国，但玩得不好。最根本的原因，还是鱼龙混杂，最后走不到一条道上。杨勇的中国式众筹之所以能玩得那么大，最核心的思路，就是把游戏限定在特定的圈层之内。这个时候，微信就帮了大忙。微信是没有阶级的中国社会里，最能体现阶级性的社交平台。比如说我这种做新媒体的老媒体人吧，朋友圈里几乎全是做新媒体的，我即使混进了别的圈子也没戏可唱。杨勇基于校友会，很快就聚拢了一大批有经济实力、人脉资源丰富的校友。这些人混在一起，年龄和家底都不太重要，只有观念和情怀这两样东西最有说服力。如果能找到一个特有情怀的"标的"，钱根本不是事儿。所以，与其说是杨勇找人筹集资金开咖啡馆，还不如说北大人一直都在等待这样一个事物的出现。它像一只蝴蝶，应时破茧，翅膀就格外美丽。

杨勇式众筹带给我的最大震撼，不是他筹资有多快，而是他在做事和布道时的那种北大式"傲慢"。他在众筹1898咖啡馆时，连个方案都懒得给。他策划众筹的金融客咖啡，计划筹资一个亿，但根本就没有赢利计划。如果要谈投资回报率，可能根本就进不了他的圈子。为什么这么牛呢？可能有两个主要因素：一是北大的文化"底子"给了他面子，在北大的旗帜下，石头也能孵出蛋来。二是他运气好，赶上了万众创新的时代，与这样的主旋律合拍，就更容易赢得支持。1898咖啡馆出现之后，不仅老板们趋之若鹜，政府官员、高校领导同样非常重视。因为它不仅是一种新的筹融资方式，很可能还意味着一种新的经济增长模式。事实证明，以1898咖啡馆所聚集的人脉，确实孵化出了很多新的项目。咖啡馆变成了一个弥漫着文化气息的经济平台，在那里什么事情都能发生。北大就这样用它的无形资产，为时代的艰难转型贡献了宝贵的财富。

中国式众筹的根本价值也就体现在这里，筹资只是一个表象，它制造一种归属感，强化价值认同，让零散的资源以文化为纽带结成强大的聚合，并随时准备发生经济聚变。这已经不是大家凑点钱做个什么项目，而是相互碰撞、生发出无穷的想法。观念创新和资源全方位整合，才是中国式众筹给这个时代带来的最重要礼物。所以，尽管听到杨勇讲人才IPO会有点将信将疑，但内心似乎有一个很响的声音在说：他可能正在引导一场人才的革命。

在引领观念变革方面，《中国式众筹》很可能是一本划时代的书。我跟踪杨勇的众筹布道已经很久，他的所有干货都写在了这本书里。如果能够吃透，基本上也能玩得风生水起。但我更感兴趣的是，这很可能是一本永远写不完的书，因为有太多的后续故事等着挤进来。几年之后，《中国式众筹》有可能成为帮助中国走出中等收入陷阱的"杨子兵法"。它带来的不只是震撼，还有对经济社会形态的深层改变。

（本文首发自《北京青年报》著名时政公众号"团结湖参考"）

有一种杀熟叫我想给你最好的

——马云的思考和中国式众筹的实践

刘煌叔

亲，你知道么？马云在给中国式众筹点赞，或者说马云大侠在思考中国式众筹的优点和淘宝的不足。你一定会说，瞎扯。不信，看下面两个段子，尤其是马云的点评，他的想法和中国式众筹异曲同工。马云说出了中国式众筹没有说的，但中国式众筹做到了马云正想做的。

有一个人想买一斤牛肉，他得到了三个报价：熟人报价是 40 元；知己报价是 38 元；陌生人报价是 25 元。结果，他选择了 25 元的陌生人。却不知道熟人只挣了 1 元钱；知己一分钱没有挣，还倒贴 1 元钱的包装费；报价最低的陌生人却赚了 15 元！最后，他发现牛肉是假的！不仅劣质而且不卫生，让一家人吃坏了肚子。

对此，马云大侠是这样总结的：不是假货太多，而是消费者太贪了；不是熟人宰你，熟人是想给你最好的，只是你不信任罢了！——致，那些值得信任的朋友！

生动啊！尤其是马云的那一句，"熟人是想给你最好的，只是你不信任罢了"，确实道出了中国当下缺乏信任的实情和尴尬。杨众筹的熟人圈众筹不就是这样的吗？首先营造了一个信任的平台。平均持股，大家都是主人翁；等额返卡，让你常回家看看；严格选择发起人，营造出交易成本低，交易机会多的氛围。这三条不就是活脱脱的熟人想给你最好的，而且大家都信任了吗？

如果说上一个段子还只是借题发挥，下面的可就是直击要害啦。马云大侠对于中国文化、中国商业环境有着自己的深刻而独到的认识，并且气场十足，妙语连珠，"捧场"一词，正中中国式众筹下怀啊！

宁愿去陌生人那里，也不照顾熟人的生意，理由竟然是这样？

熟人买卖，你多少钱卖给他，他都会觉得你挣他的钱，卖给他多便宜他也不领情！

你的成本、时间、运输人家都没看在眼里，宁愿被别人骗，让别人挣钱，也不支持认识的人，因为他心里总是在想，你到底挣了他多少钱？而不是你帮他省了多少钱！这就是穷人思维！

富人之所以富，因为他们愿意照顾熟人生意。相互关照，福报自然会多，朋友也会支持你，财运才会越来越旺！道理简单，悟透能发财！这叫捧场。

我们要善待陌生人，更要善待那些知道你在做什么还一直支持你的朋友！感恩有你！

看官，熟人间相互捧场，不就是典型的中国式众筹题中应有之义吗？但是，怎么建"场"，怎么进"场"，如何捧"场"，马云还没有闹明白呢。不过，杨众筹的新书《中国式众筹》都讲明白了：首先是人以群分，这是建场；其次是人均持股，等额返卡，这是进场条件；继而形成我为人人、人人为我的"我当雷锋我受益"文化。可以阳谋、不要阴谋的规矩，说的就是捧场。你为大家服务，自然会脱颖而出，受益就越多。因此，低价倾销绝对没有人敢做，因为中国人最在乎小圈子里的名声。可以说，马云的成功某种程度上是吃透了国人图便宜的毛病，而杨众筹呢，他是抓住了国人好面子的心理，并且里子，面子都有。

刘煌叔曾经说过，杨勇是中国最会杀熟的人。只不过，中国式众筹杀出了境界和逼格。不再是损人利己而是我为人人，人人为我，可以阳谋（光明正大地赚钱），不要阴谋。因为杨众筹建设起来一个个好圈子（像北大 1898 咖啡馆、金融客咖啡），人人都想进来（必须严格筛选，光有钱不行，你懂的），进来干吗？杀熟。只不过，有一种杀熟叫捧场，有一种杀熟叫我想给你最好的。

第二章

中国式众筹是熟人圈众筹

传统众筹的目的是筹钱，中国式众筹的核心是筹人，它最鼓舞人心的地方，在于打破"一群中国人是一条虫"的魔咒，让老板、经理人、专业人才、有梦想的人都能找到用武之地，把优势攒到极致，真正激活中国人的圈子文化。

中国式众筹是熟人圈众筹

不仅出钱，还要出力！

什么是中国式众筹

"众筹"一词虽从英译而来，但在中国语境下有其不同于英文原意的新内涵。在汉语中，"众"为人多之意，"筹"为筹集之意。众筹，顾名思义就是"众人筹集"。筹集的东西不限于资金，而是任何有价值的资源，可以分为三类：物质资源（资金、资产）、人才资源（能力、智慧）和社会资源（客户、人脉、圈子）等。

所谓中国式众筹，就是基于熟人圈的筹人、筹智、筹资的新方式。

从本质上讲，中国式众筹有两个区别于西方式众筹的核心特征。首先，西方式众筹主要是面向陌生人的线上平台众筹；中国式众筹是面向熟人圈的众筹，更加重视线下互动和全程落地。其次，西方式众筹的目的是筹资；中国式众筹的核心是筹人，通过筹人提前匹配和锁定项目未来发展所需的资源，这比单纯筹资的价值大得多。

中国有句老话能够简单直接地表达出众筹的内涵，那就是——有钱的出钱，有力的出力。这里，钱和力分别代表了物质资源和非物质资源（才能、智慧、人脉等）。但这样还不够，在这个基础上改一改，可能更贴切——不但要出钱，而且要出力。

而这一切，本质上就是筹人。人是一切的根本。人到位，资源对接，强强联合，就没有做不成的事！

西方式众筹，其核心是"筹资"，主要是作为一种融资方式；而中国式众筹的核心是"筹人"，不仅融资，而且融智、融资源，其中融资并不是最重要的，最有价值的是出资人的时间、情感、智慧、人脉等资源的投入。因此，中国式众筹考虑的核心是，如何使出资人把时间、关系和资源都带进来。

中国式众筹是中国文化背景下的众筹新玩法，它不仅体现了众筹思维的本质和精髓，也体现了互联网时代的时代精神。

拿大家的钱办大家的事

我们理解的众筹与单纯的集资存在着本质的区别——众筹，是拿大家的钱做大家的事；集资，是拿大家的钱做自己的事。

拿大家的钱做自己的事，大家除了出资之外，没有更深度的参与感、归属感和荣誉感，因此积极性有限，缺乏情感投入，不会把它当作自己的事来做。如果说这也是一种众筹，那只能是一种比较初级的众筹，对资源和人性的调动非常有限，因此效果也非常有限，潜在的问题比较多，失败的风险也比较大。

拿大家的钱做大家的事，是把众筹出资人真正变为事业合伙人，使其成为一个紧密的利益共同体。集合大家的资源来做大家的事，在某种程度上就是"各尽所能、各取所需"，更符合众筹的本质和人性的规律，所以容易做、能做大、能持久。

要让众筹合伙人既出钱又出力，必须让每个人都觉得：这就是自己的事。这就需要一种平等的关系来维护大家的参与感和积极性。一般来说，我们的众筹合伙人出资平等、机会平等、利益平等，通过自组织的过程形成自治。这样既增强了每个人的主人翁精神，又激发了大家的参与和贡献热情。当然，这样也容易导致低效率，因此在运行过程中既要有民主也要有集中，通过大家共同认可的规则来保证组织的运作效率。

这种设计很有价值，但对中国人来说有时不容易破除心理障碍。许多人做众筹的出发点，还是想当老大、赚大钱，不太容易接受平等、共创、共治、共享的思路。做众筹要改变传统的"一定要有老大，老大收益最大"的思维方式，要形成自由联合的利益共同体。

通过榫卯结构形成信任，创造"好人赚钱"氛围

很多人小时候都有过这样的类似经历，父母经常"教导"自己在外面不能太"老实"。我们的社会发展很快，经济繁荣，但也存在不少社会问题：很多时候是"好人"被干掉了，"坏人"站在了前面，这就是经济学所说的"劣币驱逐良币"。但是，通过众筹我们能够看到一个美好社会的开始，好人能够得到更多的机会。举一个例子，你每参与一个众筹咖啡馆项目的时候，其实每个人都在观察，你到底是一个怎么样的人。当有一个好的项目、好的机会的时候，你面前站着两类人：一类特别老实，一类特别精明，你通常会选择跟老实人合作，所以老实人会得到更多的机会。

在众筹项目里，利他的人能得到更多的机会。中国人面对熟人和陌生人往往是两副面孔。你不一定愿意帮助陌生人，因为不知道陌生人会给你什么好处；但是参与了众筹项目，你每帮一个人有 200 个人看着的时候，你就会发现利它很有价值。虽然帮助他人没有直接的好处，但是

周围有 200 人看到了，实际上你的信誉值增加了，当你的信誉值增加了的时候，将得到更多的机会。于是，众筹产生了鼓励大家去当雷锋的效应。

熟人圈众筹模式形成类似榫卯结构的相互嵌入、相互背书、相互制约的人脉网络，从组织机制上最大限度地降低和规避了内部风险。中国古代采用榫卯结构的木质建筑是不需要铆钉的，全靠相互嵌入保持紧密联系和稳定性（如图 2-1 所示）。这种结构的抗震能力非常强，木头之间相互借力、相互制约、相互缓冲。

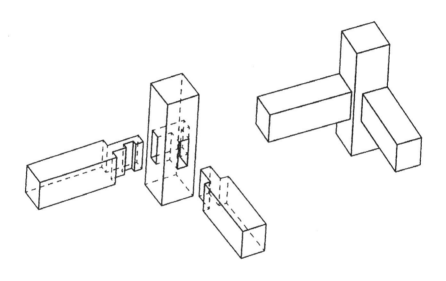

图 2-1　榫卯结构图

熟人圈众筹，能够快速形成信任关系，大幅降低交易成本，其内在约束机制有时比法律、契约所产生的约束更有效，圈子内部的合作也就非常活跃。大家参与一个众筹项目，往往会随之孵化出很多靠谱的项目。

而要达到这样的效果，对项目牵头人有一个基本要求：最早的四五个主要发起人必须是牵头人认识多年的熟悉的朋友。一方面，这说明牵头人在朋友中间有很好的信任基础，这么多朋友愿意给他钱，他拿钱跑路的风险很小；另一方面，牵头人自己也会非常谨慎，除非项目相当靠谱、把握很大，否则他不会让这么多熟人出钱，因为很多中国人宁可自己亏钱也不愿意亏朋友的钱。如果牵头人让很多熟悉的朋友出钱参与项目，他的压力无疑是非常大的。

中国人在圈内和圈外、对熟人与陌生人，往往遵循着完全不同的行为法则。虽然中国人对陌生人缺乏契约精神，但是对熟人圈中的个人信誉和口碑却特别在乎。不管你是好人、坏人，也不管你在外面怎么骗人，但在圈子内部是不能骗自己人的。一旦在熟人圈中失去了大家的信任，很可能会给一个人的事业带来灾难性的后果，因为圈子的影响和辐射力量是非常强大的。这就是熟人圈带来的制约，熟人圈众筹不但能使信任问题迎刃而解，而且还能极大地降低项目风险。好多人刚开始抱着圈钱的目的做众筹，一听这一条就放弃了。

做众筹勿阴谋，可阳谋。要在熟人网络内部强化信任关系，真诚和厚道非常重要。大家谁都不傻，尤其是做老板的都很精明，你藏着掖着，或者有其他意图，很容易被人觉察，以后就不会再与你合作了。其实，谁都有自己的利益和想法，把自己的诉求明明白白地说出来，反而让大家觉得放心、可以信任。

博弈论可能大家都知道一些：两个人单次博弈时，每个人都是自私的，都是为自己谋求最大的利益。但是如果是一群人重复地博弈，每个人会变得无私，众筹咖啡馆是大家要长久相处的地方，也就是重复博弈，每个人都会考虑长远利益，这时候每个人就会变得比较无私了。

2015年年末，复星集团郭广昌先生突然"失联"，虽然不久即"复出"，但是舆论界在中国的政府与企业家关系等问题上充分"发酵"了一番。不过，随着秦朔的一篇名为《反思中国富豪十大错》的重磅文章出台，呼唤"好人赚钱时代"迅速成为朋友圈里的共识。"好人赚钱"简直是中国式众筹的代名词。

200人，一个众筹咖啡馆，一个江湖，但是它为何能够塑造一个诚信小环境呢？因为熟人圈里面，失信的成本最高，因此，当雷锋就成为首选，并且是一个最佳选择，因为"我为人人"的结果是"人人为我"。圈子里的文化，可以"阳谋"，把钱赚在明处；但一定拒绝阴谋，因为你不可能把其余 199 人都骗过。因此可以说，喝下了"众筹咖啡"，你会发现做"坏人"成本高，失信成本高，而做雷锋回报率最高，好人不再吃亏了，"坏人"也要学做好人。其实，人还是人，只不过制度或者具体环境有所改变，这正是中国式众筹制度设计的魅力。

熟人圈众筹还具有人际关系管理的功能。一个人为了实现自己的目标，通常要用大量的时间来维护人际关系，真正干事业的时间有限。熟人圈众筹会形成一个圈子平台，本身就发挥着维护人际关系的作用，能够激活股东互助热情和参与积极性。每个股东都是链接圈内、圈外的节点，都拥有一个庞大的差异化的外部资源网，这种外部资源的激活会产生巨大价值。一般来说，当股东遇到问题的时候，圈子里的人都会主动帮忙。

那么，这一模式是否就完全将陌生人排除在外了呢？

其实不然。熟人和陌生人是个相对的概念，是可以互相转化的；把陌生人变成熟人，也就符合了熟人圈的规则。之所以熟人圈众筹更容易成功，是因为熟人之间存在相互信任关系，而陌生人之间由于信息不对称，难以形成信任关系，只能通过契约和法律规制，但中国的法律环境并不完善，同时契约精神相对缺乏。熟人最初也是陌生人，只要通过有效的互动机制，通过交往增进了解，获得更多信息，进而产生信任，陌生人也会变成熟人。

3+1：一个好众筹的评价标准

把整个圈子的资源激活，释放出 1+1＞10 的能量。

如何判断一个众筹项目运作水平的高低？

我们认为，衡量众筹操作水平的高低有"3+1"标准："参与感、归属感、荣誉感"＋"使命感"。完美的众筹通过"4 感"把整个圈子的资源激活，释放出 1+1＞10 的能量。

参与感

中国式众筹的参与感至少体现在两个方面。

第一，众筹出资人股份均等，这会带来平等感和主人翁精神，进而使出资人产生强烈的参与感。

1898 咖啡馆众筹模式讲究出资人股份均等，破除了传统企业因股份不等产生的权利不等和"一言堂"，这种模式使每个参与者都成为众筹项目平等的主人、主角，去除了绝对中心和绝对权威。

中国人往往有两种普遍心态：或者"均贫富等贵贱"，或者"宁当鸡头，不做凤尾"。传统组织存在绝对领导权威，当一家公司存在大股东、小股东时，大家也都会很自然地认为这家公司是属于大股东的，小股东是缺乏主人翁精神的。

在众筹组织中，牵头人很难有绝对的话语权。牵头人一般是比较有威望、有意愿为大家服务的人，但这并不代表他是一个中心化的权威。实际上，牵头人管的事越少，效果会越好。如果大事小情都由牵头人来主导，那会逐渐转变成传统的科层组织，又形成了固定的权威和中心，弱化了其他合伙人的参与感，大家就不愿意贡献更多的资源。

第二，股东不但要出钱，还要以各种方式出力，持续投入资源、时间和情感，只有这样才能产生持久的黏性和参与感。

传统协会组织为会员提供的服务，不管是多是少、是好是坏、是不是会员想要的，会员都处于被动接受的状态，没有强烈的参与感。

1898咖啡馆众筹模式，通过各种机制设计，激励出资人为项目出力。可以说，项目推进的每一个结果都是大家一起参与干出来的。如果只让股东出钱，不让他们出力，不让他们为大家做贡献，他们的参与感能强烈、持久吗？

例如，1898咖啡馆开创的"股东值班制"，就是一个让股东收获参与感的经典设计，目前几乎成为众筹咖啡馆的标配设计。每个股东一年中要值一天班。上午，当服务员端茶倒水，体验经营咖啡馆的不容易。股东们平时都是去四星级、五星级饭店，自己没做过咖啡馆，总觉得这也不好、那也不好，意见非常多，当服务员会让他们发现把水倒好都不容易，对咖啡馆服务方面的抱怨自然就少了。下午，招呼自己的朋友到咖啡馆聚会，既带动客流，又形成宣传，在朋友面前也有荣誉感。晚上，要办一场活动，从活动主题、主讲人到点评嘉宾等都由股东自己策划、邀请。

再如，金融客咖啡每周的"能量午餐"，股东不但要做东请客，还要自己担任主讲或邀请行业精英担任主讲，提供有价值的主题分享。

活动是咖啡馆的命脉，强烈的参与感保证了活动的数量和品质。传统协会每年办十场八场活动都很难，而 1898 咖啡馆每年做两三百场活动很容易，而且满意度很高。导致这种差异的原因在于：传统协会的活动是上级指令、员工执行、不得不做的；而咖啡馆股东自己的活动自己办，并亲自策划实施。股东们在圈内都特别好面子，都希望自己办的活动更出彩，希望自己值班时营业额更高，这会激励着他们更用心地把事情办好。

参与越多、分享越多、贡献越多的股东，对组织越有感情、越有黏性。他会视自己为主人，视咖啡馆为自己的家，视其他股东为家人。当有股东需要帮忙或组织陷入困境时，他会为自己能够提供帮助而感到骄傲。

因此，在设计众筹模式时，一项重要任务就是想尽一切办法"折磨"股东，要找出各种有趣的由头让股东参与、出力、分享。做众筹只出钱不出力，是达不到最优效果的。

归属感

中国式众筹的一项核心任务，就是严格筛选众筹合伙人，目的是形成一个高品质的靠谱圈子，大家基本处于相同层次，有共同语言，能够产生强烈的认同感和归属感。

许多组织之所以难以产生好的体验和效果，是因为人太多太杂，没有归属感。面向公众陌生人募资的互联网平台众筹就存在这个问题；传统的协会组织也没有很好的筛选机制，大家总是觉得没办法融入其中。

1898 咖啡馆众筹模式在股东准入上要求圈内推荐、执委表决，就是为了形成高品质的互动圈子。实际上，挑人越严，组织越有价值，大家对组织的依赖性就越强。当进入一个圈子必须通过熟人介绍，圈子里有几个自己熟悉的朋友时，人们对这个圈子产生的归属感就会很强；如果进入圈子后发现一个人都不认识，就容易游离在圈子边缘甚至脱离圈子。对一个老板来说，进入一个圈子后如果谁也不认识，这会让他感觉特别不舒服，也不愿多花时间参与了。

交钱本身并不能说明股东们对你有认同感，三五十万元虽然不是小数目，但关键还是看他们愿不愿意把时间花在这里。当股东们感觉到大家都处于一个层次、一个圈子的时候，才会产生最真实的认同感和归属感，才愿意花更多的时间和精力，投入更多的感情和资源。如果股东们慢慢地都把时间向这里倾斜，那就说明这个众筹项目是成功的。

精英人士往往都有很多圈子，他们为什么愿意把时间花在这里？因为我们能够让组织中的每个个体形成互相嵌入的网络化的榫卯结构。在这样的组织中，总有几个你非常熟悉的朋友，在形成信任背书的同时，也形成了良好的归属感。

中国式众筹能够让参与者节省大量社交时间，集中精力干事。当你遇到困难的时候，可以在股东群里抛出自己的问题，无论是家人需要找医生，还是孩子需要找学校，或者自身事业需要找资源……一般会有很多人主动跳出来帮你想办法，发动各自资源帮你解决问题。

一定要相信，200 个人的资源和能量是非常巨大的，通常能够又好又快地解决问题。因为，每个人的背后都还有一个庞大的外部资源网络，而且相互之间都有差异性和互补性。众筹能够有效地激活参与者各自的沉淀资源，这种资源互利能产生极大的价值。

而在众筹所形成的圈子平台之中，并不需要你自己花时间和精力去跟每个股东维护关系，因为平台本身就起到了维护股东关系、激发股东互助热情的作用。当你发现，有任何问题这个圈子里的一群人都能帮忙的时候，你就觉得没必要再像以前一样花大量的时间、精力去维系许多不重要的关系。

当有 200 个人帮你出谋划策、提供资源时，你的心态会慢慢发生变化，慢慢变得有安全感和底气，做事业就会更加从容，也能少走弯路；

你会把自己的时间、精力更多地集中到维系核心的重要关系上，更多地集中到自身的事业和生活上。这样一来，每个人都会变得纯粹一些，社会也会变得更健康。

荣誉感

有了高品质的人脉圈子，众筹项目必然会在业内产生巨大影响，除了给股东带来归属感，还会让其产生强烈的成就感和荣誉感。

中国人一般是非常在乎面子的，因此都希望把事做得足够好，能够到处去"吹牛"。当你发现众筹出资人中有许多大佬和牛人的时候，当你们做的项目极具影响力、成为行业第一或领导者的时候，或者当业界的朋友都在谈论这个众筹项目的时候，你肯定觉得这是一件很有面子、很有荣誉感的事。因此，你很愿意在各种场合讲述众筹项目的故事，并将这些故事作为重要的"吹牛"资本，甚至让许多行业内的人感觉，不参与这个圈子就太"弱"了，就会被淘汰。

在强烈的荣誉感的激励下，众筹出资人成为天然的营销者和推广者，于是众筹项目的口碑随之而来，品牌效应随之而来，市场效应也随之而来。无论是1898咖啡馆、金融客咖啡、佳美儿童口腔医院、花色优品、经心书院或者"杨勇人才IPO"，当出资人觉得自己参与了一件很牛的事情时，会特别愿意到外面"吹牛"，尤其当出资人都是精英人士时，他们"吹牛"的场合和对象都是层次相似的，从而形成精准营销，口碑和品牌自然会得到大幅提升。我们很多项目之所以能在短时间内产生辐射全国乃至全球范围的影响力，与股东们一有机会就在不同场合宣传是密不可分的。

仅仅因为这种荣誉感和满足感，出资人就会觉得出的钱非常值，很愿意埋单。对成功的股东来说，他们并不在乎得到多好的服务或者能认识多少人，他们的满足感来源于荣誉感。比如，作为 1898 咖啡馆的联合创始人，当参加聚会的朋友都在说 1898 咖啡馆很牛的时候，他会觉得很骄傲，会觉得参与这个项目非常值。

使命感

对于中国式众筹，更高层面的评价标准是使命感。

中国人受传统文化影响，有成就的人往往会有"达则兼济天下"的心态。许多拥有巨额资产的人，其生活的激情和动力已逐渐消退，也苦于找不到很好的方式去做一些令自己兴奋的、有价值的事情。

而众筹恰恰能解决这一问题。一位身家百亿的成功企业家，举家从美国迁回上海，准备再做一番事业，就是最好的证明。

在过去的一年中，我们有多个众筹大学的项目在讨论和推动，涉及金额有 100 多亿元。为什么有这么多人愿意出钱众筹一所大学呢？就是因为他们有一种改造中国教育的使命感。很多人都对中国教育现状感到不满，希望通过众筹学校的方式，参与到中国的教育改革和探索中去。

因此，如果一个众筹项目，能够激发参与者的使命感和理想主义，能够为国家、为社会做一些贡献，那么这个项目对股东来说就更有价值，项目也更容易成功。

中国式众筹的基本逻辑

众筹把一笔大钱变成许多小钱的集合，大家做决策时的心态就不一样了。

众筹相对论：小钱办大事，大钱办小事

众筹特别有魅力的一个逻辑，我们称之为"众筹相对论"——小钱办大事，大钱办小事。

如金融客咖啡，200人筹资上亿元，资金非常充裕，多出来的钱每年做无风险的理财，收益就能弥补亏损（如果有亏损的话），同时也能为股东提供各种优质服务。而每个股东出了1/200的钱，就能享受1亿元所带来的价值。在北京，三五十万元能做的事情有限，集合成1亿元就能做很多事情，用大钱办小事，一定能办得成、办得好。

与传统方式相比，众筹出资人在心态上会有很大的不同。传统方式，要投一大笔钱（如1亿元）时会特别慎重，会非常重视财务回报。但众筹把一笔大钱变成许多小钱的集合，大家做决策时的心态就不一样了。

传统的商业组织形式，资源有限且对成本非常敏感，创业成功率低。众筹，因为成本是相对的，合伙人个人出资少、成本低，但集细流能成

江海，总体资金量大，对于众筹的钱应该怎么用，股东们的紧张度会降低很多。同时，由于是平等自治的关系，能够做到公开透明，股东的心态更加放松，项目运作也更加健康。

正是由于个体成本相对较低，所以更容易找到埋单的人。200个股东即使亏1亿元，每个股东也只亏50万元，比较容易接受。但是，如果是一个传统企业，亏1亿元就是难以承受的巨大损失。

这就是大钱和小钱关系的奇妙之处。无论是做价值1亿元的咖啡馆，还是买F1车队，本质逻辑是一样的：当一笔大钱的风险分散成许多小钱的风险、许多小钱集合成一笔大钱能办大事的时候，做决策的心态就轻松了。通过这种方式做事，每个人都会变得很纯粹。只是因为喜欢、觉得有意思，就可以把钱给你。执行团队也没有压力，不用担心天天有人盯着赚不赚钱。

同样的道理，众筹的大价值来源于股东们持续做出的小贡献。众筹要求股东出钱出力，并不是让股东们把主要精力放在项目上，天天不干别的就去拉业务，那是不现实也不可持续的。我们强调的是，不需要占用股东大量时间刻意去为项目做贡献，只要每个人出一点儿力，200个人的力量汇聚在一起就是很大的贡献，组织便会变得更好（如图2-2所示）。

$$(1+0.01)^{365} = 37.78$$
$$(1-0.01)^{365} = 0.026$$

图2-2 每个人做一点儿贡献，汇聚起来就是巨大的价值

比如佳美儿童口腔医院众筹项目，并不是要让股东天天去帮佳美儿童口腔医院拉客户，而是说有合适机会，有口腔医疗需求的朋友或场合，

就顺便提一下自己投资了一个口腔诊所，可以给打个折扣。

传统业务员跟客户不在一个层面，难以走进客户圈子赢得信任。而众筹出资人自己的朋友圈都是项目的客户群体，顺便帮忙，介绍优质客户是非常容易的。不用费多大精力，既为项目介绍了客户，又帮了很多有需求的朋友，自己收获荣誉感、满足感和财务收益，无论怎么说都是多赢的方式，何乐而不为？

木桶理论过时，长板理论崛起

关于"木桶理论"，很多人耳熟能详，甚至存在许多不同版本的解读。最经典的木桶理论是由美国管理学家彼得·德鲁克提出的，是指一只木桶的盛水量多少并不取决于最长的那块木板，而是取决于最短的那块木板，因此也称为"短板效应"。若要使盛水量增加，只有换掉短板或将其加长才行。

类比到一个组织或个体，说明短板或劣势部分往往会决定组织或个体能够达到的高度。所以，补短板就变得至关重要。

在传统木桶理论补短板思维方式的影响下，组织或个人会耗费大量的精力和漫长的时间去弥补自身的劣势和短板，这也导致了投入—产出的低效率，进而影响到长板优势的发挥，甚至会导致优势的浪费和退化。

众筹模式实际上颠覆了经典木桶理论。通过众筹的方式，成功的关键就不在于补短板，而在于让长板更长，将优势发挥到极致，同时通过组合各有长板的合伙人来弥补你的短板。

放弃需要投入大量资源的"补短板"策略，而努力使长板变得更长，形成行业领先甚至成为第一，才是最优选择。

所谓长板理论，就是说只要具备一个强项，把你的优势发挥到极致，就能把其他领域的优势资源都调动起来，组合成一个最强阵容。当你只需要做你最擅长的事情时,你的成功概率会很高,你也会非常开心。同时,因为你每天都在做擅长的事,你的强项会越来越强,你的专业化水平会越来越高,你的优势会越来越明显,你的竞争力和吸引力就越来越强。

长板组合的众筹方式是带有革命性的,将极大地改变创业模式。未来的创业,就像是拼接乐高积木一样,首先想清楚要做什么,然后明确自己的优势和劣势,按照项目所需去整合别人的优势资源,通过强强联合迅速组织团队。

动车理论:平等激活分布式动力源

众筹能够形成优势组合,其效果类似于"动车组"。动车的每节车厢都有独立的动力源,因此动力效率高,在斜坡等环境下不会成为彼此的负担。而传统火车动力源都在车头,车头很累,各车厢"积极性不足"。动车组具有极强的灵活性,可长可短,可轻易分解成独立而完整的若干列车,自由组合,运转快、占地小。

与动车组的机制相似,1898咖啡馆众筹模式就是要使每个人都成为一个分布式的动力源,灵活性强、自由组合快、整体效率高。

中国式众筹模式之所以能达到类似动车组这样的效果,其中一个重要原因就是我们坚持了一个一以贯之的理念:平等。很多人问为什么不和市面上许多众筹一样采用"领投—跟投"模式,原因其实特别简单:领投模式是"要钱"模式,平等模式是"要人"模式。对于"宁当鸡头,不做凤尾"的中国人来说,不等额出资的心态其实是特别微妙的。中国式众筹以筹人为第一目的,只有等额出资才能有效地激发各个出资人的参与感、归属感和荣誉感,形成类似动车组的分布式动力源,而"领投—跟投"模式核心还是以筹资为目的。

三位一体：投资者、消费者、推广者

1898咖啡馆众筹模式的出资人，集投资者、消费者、推广者三种身份于一身，这一点威力巨大。

实际上，国外多年来一直存在"产消合一"的思想脉络。从阿尔文·托夫勒的《第三次浪潮》《财富的革命》，到比尔·奎恩的《生产消费者力量》，再到杰里米·里夫金的《零边际成本社会》①，都涉及了"产消者"——生产者与消费者合一的观念。

创业难主要体现在三个方面。第一，找投资人难，能拿到钱不容易。第二，找客户难，难以打开市场、树立品牌，把产品卖出去不容易。第三，做大难，很容易遇到"天花板"，很需要各种资源的支持。

中国式众筹使每个出资人既是投资者，又是消费者，还是推广者，很好地解决了创业难题。这种方式，既筹集了项目运营资金，又锁定一批最初消费群体，每个人都为你出谋划策、提供资源，每个人都帮你介绍客户、推广品牌……这就大大降低了项目初期的创业风险，创业变得容易了。

同时，反过来看，众筹也把消费者变成了投资者和生产者。对股东来说，所筹即所需，将有共同产品需求的人集合在一起，以消费需求为起点，共同成为股东，消除中间环节，直接享受自己投资所创造的优质产品和品质生活。

例如，众筹做一家珠宝店。100个出资人，每人出30万元作为股东，众筹3 000万元做个高端珠宝中心，在这里股东可以二折三折拿到货真价实的珠宝，如果50万元的珠宝十几万元就能买到，即使第二天珠宝店就倒闭，你都会觉得值。找到100个股东之后，你都不需要找客户、做宣传，因为这些人既是你的股东，又是你的客户，还会在外面给你做

①《零边际成本社会》一书中文版已由中信出版社于2015年1月出版。——编者注

宣传。满足了股东及其亲戚朋友买到货真价实珠宝的需求，珠宝店就能运营得很好。

与车库咖啡、3W 咖啡等开业初期就依靠大量媒体热捧不同，1898咖啡馆众筹模式的成功并不依赖于强大的媒体攻势，初期甚至避免媒体的大肆宣传，而是依靠圈子中的口碑营销。当一个众筹项目是某个细分领域的第一时，本身就具有很大的品牌价值和影响力，股东也有很强的荣誉感和自豪感，他们积极地在各种场合讲述自己的众筹故事，产生巨大的品牌推广效果。

变外部交易为内部合作

中国式众筹的一个巨大价值就是把外部交易变为内部合作。

创业难，是因为很多人遇到问题时，往往要到处求人、找资源，而外部资源通常很难获得，成本很高。中国式众筹是缺什么资源就提前找到拥有这些资源的人来当股东，把外部交易变成了内部合作，圈子内部人愿意免费或以极低的价格提供资源，成本低、效率高。

可以说，众筹组织既是交易所，又是孵化器，更是一个聚变和裂变的过程。1898咖啡馆、金融客咖啡、佳美儿童口腔医院等项目，都充分体现了这几个方面。

众筹组织的聚变，就是出资人因一个众筹项目而凝聚在一起，通过资源整合、强强联合形成高效的互动圈子和资源配置平台，发挥各自的资源优势。这种凝聚产生巨大的能量,匹配的资源能够使项目得到爆发式的提升。

在这个基础上发生的裂变，威力和意义则更为巨大。我们每做一个众筹项目都会衍生出许多新项目、新合作，原因就是，这一两百个筛选出来的股东，相互信任、相互背书，又跨界组合，有非常多的合作机会，非常容易谈成生意。

自组织

"自组织"是指一群人基于自愿的原则主动结合在一起，逐渐形成了群体认同，为了一个共同目标，产生分工合作、集体行动的需要，进而自定规则、自我管理。与之相对应的"他组织"，是指由一个权力主体指定一群人完成一项被赋予的任务。

中国式众筹的操作逻辑体现了自组织的基本特征。

1. 规则简明

自组织的基本规则是简单明了的。规则简单就容易传播，能够发挥大家的主动性和积极性；在人多的情况下，规则越复杂，越可能产生无穷的分歧，越不容易成功。1898咖啡馆在筹办之初的基本规则只有三条：等额返卡、股份均等、3年不倒闭。规则讲完，大家基本上就有了是否愿意参加的直觉判断；如果讲完之后，大家还不清楚是怎么回事，成功的概率就大打折扣。

做众筹还有一个简单的逻辑：不但自己愿意交钱，还愿意介绍朋友一起参与。中国人很多时候是出于人情面子参与，而不是自己真正觉得项目好，但如果愿意把朋友也拉过来，说明确实觉得好。通过这种方式，也容易区分出项目真正的目标群体。

2. 去中心

我们操作的中国式众筹模式通常都是去中心的，一般采取股份均等的方式，使股东集投资者、消费者、推广者三种身份于一体，实现平等参与。

去中心并不意味着无中心，而是多中心、动态中心，形成一个网络化的组织。传统组织几乎所有的资源都集中于"一把手"，而众筹组织的资源分布在每个股东身上。组织的每一个网络节点都可以成为一个相对的、动态的中心，即针对不同领域、不同项目以及各自的特点、专长和意愿，发起和组织各项活动，产生各种价值。

这种分布式、去中心的方式，会使200个人以效率和兴趣为原则，自动自发地形成无数个小圈子。一个组织的活力是怎么体现的呢？小圈子越多，组织就越有活力。

3. 开放透明

众筹的一个重要原则是：勿阴谋，可阳谋。众筹项目涉及的人多，有一两百双眼睛盯着一件事的时候，项目信息就会更加开放和透明。熟人众筹千万不能骗别人，你想通过众筹获得利益，完全可以明明白白地告诉大家，千万不要隐藏。骗一个人也许很容易，想骗一两百个人是非常难的。

众筹组织具有很强的开放性，便于实现内外部资源的互动整合。每个出资人不仅是圈子内部的互动节点，也是内外部对接的枢纽和通道，能够将庞大的外部资源网络导入圈子内部。

传统组织的合作主要是纵向合作，众筹组织强调人与人之间的横向合作。筛选股东时，我们非常注意在各个细分领域、各个区域、各个校友会之间的搭配，保证股东的多元化，这样做所形成的跨界交流和横向整合的价值是非常大的。

4. 自成长

许多人对众筹的第一反应是：一两百个人该如何管理？

其实，众筹组织最大的魅力在于不需要一个权威去管理和指挥。平等、去中心的组织设计，去除了绝对权威，激活了大家的参与感、积极性和沉淀资源，其背后的机制能实现自我管理和自我优化，不会出现大的问题。这种自成长的组织，未来成为什么样子不需要用一个预设的蓝图限制它。

在组织自动优化和快速迭代的过程中，谁能够贡献更多的价值，谁自然会承担更大的责任。这就是"You Can You Up"[①]的机制。所以，不必担心众筹组织未来可能产生什么样的问题，只要激发股东的参与感，集体智慧能够解决面临的问题。

许多人会问，为什么前期不出详细方案？

在一个众筹项目的起步阶段，明确的方案会带来束缚，随着新股东的加入，很多东西会进一步完善和迭代。一个人就是一种变数，200个人就是200种变数，最终变成什么样子是大家一起想、一起做、一起磨合出来的，是自动演变的，充满了可能性。这是非常有魅力的一个过程。

传统组织指令层层下达，下级被动执行；而众筹组织中充满了自主性。例如，股东提出一个有价值的建议，执委会讨论通过就可以由秘书处去落地了，提建议的人不需要自己去干，众筹组织有充足资金的一个重要意义就是能招足够好、足够多的人专门为股东服务。这样大家就更有动力去提更多更好的想法，积极性、活跃度也更高，从而形成良性循环。

所以，**中国式众筹，核心就是做好一件事：精挑细选有共同价值观、共同愿景、靠谱的人。**至于项目本身提供什么回报或服务，未来要做什么事情，都不用担心。股东们会用集体智慧解决这些问题。

---

① "You Can You Up"，已被美国在线俚语词典收录，意为"你行你上"。——编者注

人人都能做的中国式众筹

作为一种创新型的组织模式和商业模式，其核心是一套方法论体系，具有很强的普适性。

1898 咖啡馆的成功掀起了一股中国式众筹的旋风，成为 2014 年中国"众筹热"、"众筹年"的重要推动者和影响者。

不过，也有很多人觉得中国式众筹太"高大上"了，每个项目都是几千万元甚至几亿元，没钱的人根本玩不起。这其实是一种误解。初期做大项目，才能形成标杆，产生更广泛的影响力，既然大项目都能做，小项目操作起来就更容易了。

实际上，中国式众筹作为一种创新型的组织模式和商业模式，其核心是一套方法论体系，具有很强的普适性，不管你是商界大佬、社会精英还是草根百姓，也不管你身处哪个行业，总有一种适合你。

全民众筹：总有一种适合你

清华大学经管学院赵平教授行将退休，作为一位与糖尿病斗争了十多年的老患者，他发现了一种简单实用的管理方法，取得自身实验的效果后，赵教授选择推广这个方法作为退休后的事业。运用中国式众筹正好帮助赵教授完成了"天使轮"的投资 300 万元，并且更为重要的是获得了许多推广方面的资源。

作为温哥华一所大学访问学者的张家卫教授，原本有过十余年的大型企业"一把手"经历，在接触众筹后，他策划了温哥华 1029 咖啡，被杨勇誉为"中国式众筹海外第一人"，并且连续译、著了《小众行为学》、《小众崛起》等多部探讨社群经济的理论与实践结合的著作，一改在温哥华做人生中途小憩的初衷。

众筹能让成功的企业家重新找到激情和兴奋点。对于成功的企业家来说，钱已经不是他们追求的首要目标。他们虽然事业有成，但很难再有能点燃他们激情的想象空间。众筹能让许多行业大佬重新兴奋起来，激活他们的理想，让他们做一些以前想做却很难做到的很有社会价值的事情，帮他们达成更有成就感的目标。对他们来说，钱并不是最重要的，能做成什么事才是最重要的。

众筹让二次创业的人更容易成功。对二次创业的人来说，他们都害怕失败，但他们有着丰富的行业经验、人脉、资源和良好的口碑，也有着更大的格局。这些基础使他们很容易通过众筹模式创业，依靠自己的专业才能和积累的资源，找到一群很牛的人共同做一件很牛的事，迅速形成一个优势资源的组合，提高创业成功率。

众筹给四五十岁的职场人以成就动力。对四五十岁的职场人来说，他们正处于人生的高峰时期，在原来的平台上收入高、地位高、受尊敬，不想太累，也不愿意求人，小钱看不上，一般的生意也看不上，因此缺乏创业的动力。但是，这群人在了解了中国式众筹之后，通常会非常激动。因为他们发现，自己对创业的顾虑基本可以打消，凭自己多年的积累很容易通过众筹模式去创业，做一件有更大格局的事。

众筹让年长者焕发创业"第二春"。对于年长者来说，退休之后基本不可能再去创业，但众筹能够让他们焕发创业"第二春"。年纪大的人其实有自己的优势，其长期积累的资源和经验都是宝贵的财富，退休后这些人才的价值基本就浪费了。传统思维很少会考虑找一个60多岁的人一起创业，但是通过众筹，你会发现年龄大的人特别有价值，打几个电话，介绍几个朋友，事就办成了。中国式众筹，能够使"60后"、"70后"、"80后"、"90后"通过优势组合搭配到一起把事情做成。让退休的人重新开始创业，既能缓解社会老龄化问题，也能避免人力资源的浪费，对国家和民族都是大好事。

众筹能把"富二代"变为"创二代"。对于"富二代"来说，众筹能够把他们变成"创二代"，传承家族未来。"富二代"其实都想创业，但因为长期生活条件优越，觉得创业特别累、特别难，因此不愿意创业。通过众筹模式，"富二代"创业就变得非常容易了。因为有父辈和家族背书，他能找到行业中最好的资源，和最牛的人一起合作；更重要的是，能够找一群相同层次的"合伙人"做一件自己感兴趣的事。采用这种模式，只要自己出100万元，找200人就能撬动2亿元的资金。如果一个人拿出2亿元创业，亏了对自己、对父辈都很难交代；众筹创业，一个人亏100万元，对他们来说心态完全不同。同时，众筹伙伴之间会形成约束，"富二代"可能不听老爸的话，但在同辈伙伴中，他们能听彼此的话。"富二代"创业成功率提升，父辈也不必再为家族传承头痛了。

众筹能给职业经理人以创业安全感。中国人骨子里都想创业，职业经理人尤其如此。但职业经理人轻易不敢出来创业，他们平台好、收入高，担心创业失败，不愿冒风险。许多职业经理人离开原有平台创业，往往都做得不太好，这使他们更有畏惧之心。众筹创业大大增强了职业经理人的信心。第一，这种方式风险小、稳定性强。职业经理人担心老板的想法经常变，但一两百个众筹合伙人定了一个方向后是比较稳定的。第二，这种方式包容性强。众筹合伙人中总有人不喜欢你，也总有人喜欢你，所以不用管别人，干好自己的事情就行了。正所谓，众筹创业，不会有怀才不遇，也不会有功高盖主。第三，这种方式的安全性很强。有 200 个合伙人做后盾，给钱给资源，也不容易出大问题。众筹可以让有能力的人不用受制于人，采用这种方式，职业经理人出来创业就容易得多。

众筹能使专业技术人才掌握做事的话语权。对于有专业技能的人来说，众筹让他们更好地发挥专业所长，过上更有尊严、更有专业话语权的生活。例如，医生这种专业人才特别适合众筹。多年来，看病难、看病贵的问题一直没有很好的解决办法，大家总觉得有些医生服务是比较差的。如果有一两百个人，每人出一二十万元，众筹聘请一位专职医生，负责给他们的家庭看病，他们当然愿意出钱。对于医生来说，如果他服务的对象不再是完全陌生的人，而是比较固定比较熟悉的一群人，他也会非常乐意。

众筹能给"种子选手"创造条件，让草根和青年人成长更顺畅。对于刚毕业的大学生或者社会底层的草根来说，能做众筹吗？当然可以。中国式众筹讲究资源匹配，有钱的出钱，有资源的出资源，没钱没资源的出力干活。未来的创业模式，会变成年轻人与年长者的搭配组合、有钱人和能人的搭配组合。传统创业，如果你是"80 后"，你的合伙人可能都是"80 后"；如果你是"60 后"，你的合伙人可能以"60 后"为主。做众筹，需要各个年龄阶段的人搭配起来，跑到前面干活的是"70 后"、"80 后"，他们的话语权多一点；在幕后提供资金、资源的是"50 后"、"60 后"，他们经验更丰富。这种搭配使大家平等相处，各尽所能。

圣诞节三千人大会：众筹元年新高潮

经过一年的布道和实践，2014 年 11 月底，我们有了一个想法：组织一次"众筹三千人大会"，把这一年来的实操心得做全面的梳理和总结，分享给更多的人。几经协调，这次大会定在了 12 月 25 日下午的 2 点到

6 点，在国家会议中心举办。本想避开圣诞节这种重大节日，但由于筹备时间较短，最终场地和时间的协调已经没有更好的方案。于是就有了圣诞节近三千人参加的"中国式众筹：新'中国合伙人'"分享大会。

这次大会的举办本身就是一个众筹的过程，体现了众筹和自组织的伟大力量，最终取得了出乎意料的成功。

首先，大会的整个筹备过程是许多人分工协作、自我组织、共同努力完成的。从会议整体策划，到无数细节的讨论和分工；从时间和场地的协调对接，到各种物资的准备、布置；从暖场节目的编导和演员的征集排练，到当天现场各个环节分工协作的志愿者……都是由大家主动参与、自我组织来完成的。

其次，主讲的内容和 PPT（演示文稿软件）也可以说是众筹的结果。在这一年多时间里，杨勇与近万人交流众筹心得，在交流的过程中，一方面能够不断地系统梳理自己的众筹思想，另一方面也能不断吸收来自不同对象的各种养分，对众筹思想的演化迭代产生了巨大的促进作用。同时，演讲 PPT 最初比较简单粗糙，经过前前后后上百人的共同讨论，和上百轮的修改迭代，才成就了圣诞节那天的完美效果。

再次，本次大会的全部费用也是众筹得来的。大会采用了完全自愿的打赏政策，分几个档次：189 800 元、18 980 元、18.98 元，或不低于 18.98 元的随意打赏；如果觉得不值，也可以不打赏。为了节约成本，起初是想用 4 块投影幕布展示 PPT，就在大会召开的前两天，金融客咖啡联合发起人宋皖虎提供了一个新资源——尺寸达 120 平方米的全新 LED 显示屏，用以取代原计划的 4 块投影幕布。尽管价格优惠到不可思议的 6.5 万元，但是对于不向参会人事前收费的会务组来说，仍然是一笔突然的、没有着落的开支。此时，会务组核心成员、金融客咖啡秘书长易辉在金融客咖啡发起人的"家人"群里发出一条紧急求助微信，45 分钟后，宋皖虎等 13 位金融客咖啡"家人"，以接龙报名和微信支付的形式筹集了 6.5 万元。如果你在会议现场，一定会感受到 LED 大屏的震撼和亮丽！

这么大规模的会议，谁来做主办单位是一个重要问题。杨勇与 1898 咖啡馆联合创始人、和讯网 COO（首席运营官）陈剑锋沟通，陈剑锋认为可以由和讯网做主办单位。陈剑锋在大会致辞中说："我关注众筹比较早，但真正对众筹有深刻的认识，是从认识杨勇并参与 1898 咖啡馆的建设开始的。特别感谢杨勇给我打开了一扇窗户，让我发现了众筹的精彩。"

这次大会，中关村管委会安排了 20 余人集体参加，同时我们还请到了几位重量级的点评嘉宾：洪泰基金创始人盛希泰；中国人民大学法学院副院长、法学博士杨东；中国万向控股有限公司副董事长、经济学博士肖风；《中国经营报》副总编辑李学宾；中国并购公会会长、中国金融博物馆理事长、万盟并购集团董事长王巍。

三千人大会在众筹元年将中国式众筹推到了一个新的高度，同时影响了一大批主流群体。

中国式众筹，在短短一年多的时间中充分展现了其独特的模式魅力和强大的资源吸纳能力。时间将证明，中国式众筹对整个社会组织模式和商业生态都将产生深远影响。

为什么是中国式众筹

说说众筹那些事

1898 咖啡馆联合创始人、美酒网董事长刘飞,曾在一次饭局上讲述过这样一个真实的故事。

20 世纪 70 年代,他所生活的大院里住着许多户人家。那个时候,缝纫机是非常重要和实用的生活用品,但普通家庭都很穷,买不起缝纫机,于是大院里有 10 户人家共同凑钱买了一台缝纫机。

那么,这台缝纫机该如何分配使用呢?

这 10 户人家共同约定:一年 12 个月中,每个家庭都拥有这台缝纫机一个月的使用权,剩下的两个月,谁家有结婚生子等大事就给谁家用。

就是这样一种出于共同需求,大家凑钱、合买、共享的方式,产生了许多意想不到的效果。

首先,缝纫机成为这 10 个家庭之间的情感纽带,拉近了他们的心理距离,无形中产生了一种认同感和归属感,使他们之间相处得更为融洽，更愿意互帮互助。

其次，和大院里的其他人家相比，因为有了这台缝纫机，这10户人家的大人、孩子都能穿上比较体面的衣服，在当时生活水平不高的情况下，这是件很有面子的事情。那年毛主席逝世，这10户人家都能在第一时间戴上悼念用的黑布带，这在当时是非常难得的，他们在大院里的地位也因此迅速提高。

总之，凑钱买的这台缝纫机，让这10户人家出小钱办大事，既获得了生活便利，提高了生活品质，也增进了相互之间的感情，收获了幸福感、满足感和荣誉感。

这，就是典型的众筹思维。

"众筹"并非互联网时代所独有。互联网时代的众筹模式只有十几年的过去，而众筹思维却有着久远的历史。

事实上，传统社会中有许多运用众筹思维的运作模式。例如，具有悠久历史的慈善募捐就是非常典型的众筹模式，通过集合社会闲置的钱财或资源，来帮助那些有需要、有困难的人。再如，保险行业的运作方式天然就是一种众筹，通过保险的方式集合资金使之得到重新配置，能够更有效地利用资金。

在前互联网时代，国外也流传着许多脍炙人口的"众筹"故事。伟大的音乐家莫扎特用众筹方式举办音乐会，并把支持者的名字记录在协奏曲的手稿上。而美国纽约港自由女神像基座也是《纽约世界报》出版商约瑟夫·普利策在报纸上发布"众筹"来募资建造的，轰动一时。

可见，古今中外都不乏运用众筹思维解决现实问题的案例。但由于时代和科技的局限，传统"众筹"方式融资规模小、传播范围窄、交易成本高，知名案例主要集中于文化艺术领域，多是由有名气、有资源、有影响力的人牵头才容易成功。

当人类进入互联网时代，技术的快速革新大大降低了交易成本，方便了人们之间的联结和沟通，从而赋予了众筹思维崭新的表现形式和更大的实现空间，使众筹能够作为互联网金融的核心登上历史舞台，并且快速地、大规模地崛起。

互联网时代的平台众筹

目前，国外对众筹的主流理解是：通过互联网平台为项目募集资金的一种融资方式。这一理解有两个基本特征：一是以线上平台为主要依托；二是以获得资金为直接目的。因此，我们称之为"互联网平台众筹"。同时，在这一模式中，能否获得财务回报也不是出资人评价项目的唯一标准，只要出资人感兴趣的项目或产品，都有可能通过众筹方式获得启动资金，从而为小微企业创业提供了新的可能。

互联网平台众筹模式，是传统众筹思维在互联网技术条件下的新的实现方式，利用互联网和SNS①传播手段，大大降低了沟通和交易成本，提高了参与便捷性，更具平等性和开放性。

目前，公认的世界上最早的众筹网站是ArtistShare。ArtistShare于2001年开始运营，2003年发布第一个项目，旨在为音乐人打造一个忠诚的粉丝②基地，粉丝通过这个平台资助自己喜欢的艺术家出唱片。2005年，其第一个粉丝筹资项目——美国作曲家玛丽亚·施耐德（Maria Schneider）的 *Concert in the Garden*，获格莱美4项提名，并最终荣获"最佳大爵士乐团专辑"奖，成为格莱美历史上首张不通过零售店销售的获奖专辑。

这种全新的商业模式受到了广泛赞誉，之后大量的众筹网站纷纷涌现。

---

① SNS，专指旨在帮助人们建立社会性网络的互联网应用服务。——编者注
② 粉丝（英文：Fans），也叫拥趸，意思是崇拜某明星的一种群体。——编者注

国外众筹发展大事件

时间	事件	意义
2001—2003 年	ArtistShare 运营并首发众筹项目	标志着互联网平台众筹模式诞生
2009 年 4 月	Kickstarter 正式上线	世界上最大的众筹网站
2011 年 1 月	Crowdcube	全球首家股权众筹平台在英国诞生
2012 年 4 月	美国总统奥巴马签署《创业企业融资法案》	股权众筹类网站合法化
2013 年 5 月	Seedrs 上线	英国第一家获得金融行为监管局（FCA）批准的股权众筹平台

目前世界上最大、最有影响力的众筹平台，是 2009 年上线的 Kickstarter。2010 年，该网站被美国《时代周刊》评为年度最佳发明之一。Kickstarter 的创始人是美籍华裔期货交易员佩里·陈（Perry Chen），他

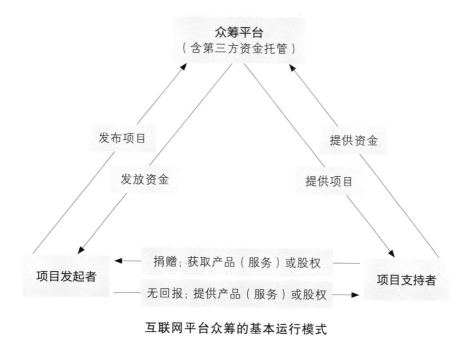

互联网平台众筹的基本运行模式

酷爱艺术，不但开设画廊，还经常举办音乐会。2002年，他因资金问题被迫取消了一场音乐会，促使他思考打破文化项目资金瓶颈的方法，于是就酝酿了一个募集资金的网站。

国外的众筹平台，核心还是支持创新、创业。而国内众筹网站则有了一些新的演变，发布的项目包括卖水果、卖理财产品、培训项目招生、卖演唱会门票等，不一而足。

作为互联网金融的重要方式之一，互联网平台众筹与传统金融方式相比具有明显的特点。

1. 依托互联网平台的小微金融模式

互联网平台众筹单笔融资规模较小，融资额少则几十、几百元，多则几万、几十万元，募资总额较少，远低于传统金融融资门槛，融资端多为初创小微企业及个人。这种模式对于传统金融生态中缺乏有效融资渠道的初创小微企业和个人会起到一定支持作用，是对传统金融的有益补充。

2. 面向网络的平等、普惠投资机会

互联网平台众筹面向的是网络中的陌生人，单笔投资金额较小，为公众提供了一个小额直接投资的支持创新、分享收益的机会，具有金融普惠和金融平等的意味，为金融改革提供了有益尝试。

3. 验证市场、树立品牌的营销手段

除了小额融资之外，众筹还有一项重要功能就是验证市场需求。通过众筹平台融资的重要目的之一，是希望得到潜在用户对产品的反馈意见，检验产品是否有充分的市场需求。传统上，创业企业的产品很难有验证真实市场需求的途径，成本和风险较大。通过众筹这种方式，能够快速树立品牌知名度和影响力，成为一种有效的营销手段。

由于中国特殊的法律制度环境，互联网平台众筹的发展并非一帆风

顺，存在一些发展瓶颈：一是技术含量低，创意能力差，信息透明度不足；二是缺乏有经验的众筹投资者，投资者权益保护问题突出；三是内外部环境不完善，从平台自律、信息披露、风险控制，到投资者教育、监管措施和法律规范，多处于模糊状态。

有别于国外的众筹分类，根据回报方式的不同，结合项目实操经验，我们把众筹分为如下四种类型：（1）互助类，公益类的众筹都属于互助类，我们目前也正在筹划众筹成立相互保险公司；（2）消费类，比如产品众筹、团购、预售等都可理解为消费类众筹；（3）理财类，带有理财回报性质的众筹类型，典型的如 P2P（个人对个人）、P2B〔个人对（非金融机构）企业〕等；（4）投资类，例如股权众筹。

众筹四大类型

众筹类型	基本特征	代表性平台
互助类	出资不获取回报或获得互助回报	公益慈善、互助保险公司
消费类	出资获取产品或服务	团购、预售、预购等
理财类	出资获取本金和利息	P2P、P2B
投资类	出资获取股权	股权众筹

中国式众筹崛起：天时、地利、人和

互联网平台的众筹融资模式在国外兴起已有十多年时间，传入中国后，由于文化、法律等因素的制约，显得有些"水土不服"。

然而，同样是因为中国特殊的文化土壤和法制环境，孕育和产生了以 1898 咖啡馆为发端的具有本土文化基因的中国式众筹商业模式，这是一种基于熟人圈的筹人、筹智、筹资的新方式。

1898 咖啡馆众筹模式为何能在中国产生？事实上，这并不是一种历史的偶然，而是天时、地利、人和相互作用的结果。

1. 天时：快速进化的互联网时代

众筹思维源远流长，其能量的发挥与时代变迁和技术进步密切相关。

人类在历经农业时代、工业时代之后，进入互联网时代，从而带来了生存方式的又一次颠覆性革命。伟大的互联网时代以及高速发展迭代的互联网技术，为中国式众筹的出现提供了时代背景和技术条件。

众筹涉及大规模人群的联结和互动，而人的联结存在交易成本，交易成本的降低依赖于技术手段。少则几十人、动辄几百人的即时互动交流，在前互联网时代是难以想象的，交易成本极高。这也说明了，为什么众筹思维自古有之，但并没有大行其道。

在互联网时代，技术的快速迭代大大降低了人与人之间建立联结并进行大规模协作的交易成本，提高了人与人联结的便捷性和广泛度。从门户网站到搜索引擎，从社交网络到物联网，整个互联网的发展历程，本质上是建立联结和深化联结的过程——无论是人与人的联结还是人与物的联结。正如阿里巴巴首席战略官曾鸣所说，互联网的未来就是"任何人、任何物、任何时间、任何地点，永远在线、随时互动"。整个互联网的发展，本质上就是让互动（包括人机交互）变得更加高效、更加方便、更加自然。

于是，众筹思维在互联网时代依托新的技术形式得以大规模的实践。

中国式众筹的爆发，一方面是因为其模式本身具有很强的实操性；另一方面则要感谢伟大的互联网时代产生了伟大的移动社交平台——微信。微信等社交产品的出现，能够将原本资源分离的个人，迅速聚集成一个大规模的社群，而且实现了便捷的即时互动交流，大大降低了沟通成本。同时，微信群、朋友圈等功能，正好符合中国式众筹在熟人圈中推进的特性，能够使众筹"合伙人"实现透明互动、及时沟通和群体讨论。

可以说，如果没有微信，中国式众筹就无法大范围地实现。微信居功至伟！

2. 地利：中国文化基因、中关村创新氛围与北大精神

费孝通先生认为，中国人组织行为的主要文化特征是"差序格局"的思维方式。中国人以自我为中心向外延伸人际关系，按照远近亲疏形成不同的圈层，如同石子投入水中，形成以落水点为圆心、由近及远的层层波纹，一圈一圈地向外扩散。在这一思维方式基础上形成的圈子文化，成为中国式众筹的重要文化基础。

中国社会中人与人之间的关系，就是一张张以具体的个人为中心的社交网络，这些网络相互交叉叠加在一起，形成了中国式的"熟人社会"、"关系社会"、"人情社会"。在这样的背景下，中国人讲究通过积累"人脉"来实现个人目标。对中国人来说，有了圈子，就有了归属感和积极性，对"圈内人"和"圈外人"的行为法则是不同的，对圈内人注重人情、面子和长期的互利互助，对圈外人则会讨价还价。

陌生人众筹在具备契约精神和完善法制的西方社会能够大行其道，但在中国文化背景下却发展困难。金额小的产品众筹还比较好实现；金额大的股权众筹，就需要极有影响力和信誉的平台做背书，同时需要线下沟通来形成信任，隐藏着巨大风险。目前，国内众筹平台之所以并不好做，除了制度和法律因素外，一个重要原因就是，中国社会是熟人社会，对陌生人往往缺乏信任和契约精神，同时特别讲究线下的互动，讲究圈子、面子、人情，并靠这些来约束交易行为。在中国情景下，陌生人众筹不确定性较大，可能会产生高昂的交易成本，带来很多麻烦。而在国外，因为有完善的法律制度和普遍的契约精神，这种内心纠结可能就不会存在，交易成本就很低。

那么，1898 咖啡馆众筹模式为什么会诞生在中关村呢？那是因为，作为"中国的硅谷"，中关村有着深厚的创新创业基础和浓郁的创新创

业氛围。

中关村，是中国第一个也是最有影响力的一个国家自主创新示范区，其宗旨是"面向世界、辐射全国、创新示范、引领未来"，战略定位是"深化改革先行区、开放创新引领区、高端要素聚合区、创新创业集聚地、战略产业策源地"。

经过 20 多年的发展，中关村聚集了联想、百度等高新技术企业近 2 万家，形成了下一代互联网、移动互联网和新一代移动通信、卫星应用、生物和健康、节能环保、轨道交通等优势产业集群，集成电路、新材料、高端装备与通用航空、新能源和新能源汽车等潜力产业集群和高端发展的现代服务业，构建了"一区多园"、各具特色、跨行政区的高端产业功能区。中关村围绕国家及北京市发展需要，取得了大量的关键技术突破和创新成果，产生了近 300 家上市公司，每年发生的创业投资案例和投资金额均占全国的 1/3 左右。

同时，中关村也是中国人才最为密集的区域，拥有北京大学、清华大学等 40 多所高等院校，中国科学院、中国工程院等 200 多家科研院所；是首批授予的"海外高层次人才创新创业基地"，是国内留学归国人员创办企业数量最多的地区。

在这样一个全球性创新创业中心，诞生 1898 咖啡馆众筹模式也是顺理成章的事情。

中关村管委会郭洪主任非常关注众筹的发展，曾多次带领团队到 1898 咖啡馆调研。在郭洪主任大力支持和杨勇等人的推动下，2015 年 7 月 9 日，中关村股权众筹联盟成立大会召开。会上郭洪主任宣布，要将中关村建设成为全球股权众筹中心，提出中关村创业模式的特征是"天使投资 + 合伙人制 + 股权众筹"。

同时，中国式众筹的策源地——1898 咖啡馆出自北大人之手也有其内在原因。

北京大学诞生于 1898 年，初名京师大学堂，是最早以"大学"名义建立的学校。在这里，建立了中国最早的现代学制，标志着中国近现代高等教育的开端。

早在蔡元培先生出任北大校长时，就提出"循思想自由原则，取兼容并包主义"。近代一批影响中国的杰出人才，如陈独秀、李大钊、毛泽东、鲁迅、胡适等都曾在北大任教或任职，使北大成为全国的学术中心、思想高地、新文化运动中心和五四运动策源地。

北大精神本身就体现着民主、平等、多元、包容，这也正是1898咖啡馆众筹模式的核心理念。敢为天下先的创新精神是北大精神的核心要素，具有原创性的中国式众筹发端于北大并不是偶然的。

3. 人和：北大创业校友圈与杨勇10年NGO[1]经验

杨勇可能是最具中国协会组织实操运作经验的人。

在教育、互联网、金融等行业摸爬滚打了10多年，杨勇参与了许多行业协会的工作和活动，对传统行业协会的瓶颈和弊端有着很深的理解，对改造传统行业协会的模式和方法也有着长期的思考与实践。由于多年来主导和参与的协会组织非常多，并在其中做出了许多实实在在的贡献，杨勇有许多与协会相关的头衔：北京大学校友创业联合会常务副会长，中关村天使投资百人会执行会长，中关村人才协会常务理事……

2010年，杨勇联合部分北大创业校友，推动成立了北京大学校友创业联合会。6年来，联合会组织了大量的活动，走访了许多优秀的校友企业，得到北大创业校友的一致好评，从而把北大创业校友逐渐凝聚起来，使校友们能够更紧密地交流合作。1898咖啡馆的缘起就是为该联合会提供联络场所和活动平台。

事实上，1898咖啡馆是杨勇10年创业经验和行业协会经验的集中体现，形成了一套系统的组织机制和商业模式。从这一点来说，中国式众筹的缘起，虽属无意，却是必然。

---

① NGO，即非政府组织。——编者注

为什么是咖啡馆

中国式众筹,首先以 1898 咖啡馆的面貌出现,然后又以此为"原型"不断地演变和进化,形成了一系列有影响力的标杆案例。

那么,为什么会首先以咖啡馆的形式产生呢?

事实上,咖啡馆在历史上就是思想交流和金融交易的天然场所。

欧洲的第一家咖啡馆是 1650 年在英国牛津大学建立的,随后咖啡馆成为伦敦流行的社交场所和公开的思想交流场所,承担着信息传播、思想交流、休闲聚会等功能。同时,当时的咖啡馆也带有一些政治色彩,例如,英国辉格党就创立于咖啡馆,而法国大革命也是在咖啡馆里策划的。另外,咖啡馆也是作家、诗人、画家等文艺青年的聚集地。在 18 世纪初,咖啡馆被称为"一文钱大学"——一个便士买一杯咖啡,就可以在这里聆听到各种哲学、文学和政治观点。

同时,咖啡馆还是世界各地重要经济信息的汇聚地,因此也成为保险业、证券交易所、拍卖行等业态的发源地。

1696 年,爱德华·劳埃德咖啡馆发行了《劳埃德船舶日报》,提供船只到港、离港、航海风险、股票价格、外国市场行情、事故和沉船报告……成为海事保险承保人的总部,就这样诞生了历史上著名的伦敦劳埃德保险公司。1698 年,乔纳森咖啡馆开始提供股票和商品价格信息,逐渐发展成现在的伦敦证券交易所。而早期的拍卖活动也是在咖啡馆进行的,后来演变成拍卖行。

可见,咖啡馆天然具有自由、开放、包容的精神气质,是大多数人都较容易接受的交流平台。这与中国式众筹的核心理念相符,即平等、开放、多元、去中心,从咖啡馆开始也是顺理成章的。

作为中国式众筹的第一标杆和"策源地",1898 咖啡馆已成为立足北大、辐射全球的一道独特的风景线。

1898 咖啡馆的传奇仍在延续……

众筹咖啡馆的12种角色

1. 咖啡馆。可以消费。

2. 协会组织。传统协会组织的升级版，更有活力。

3. 高效的孵化器。一群聪明的脑袋在一起能孵化出很多创新项目。

4. 投资基金。股东都有投资需求，一般还会成立专门的投资基金。

5. 交易所。这里可以交易资源、交易项目、交集资金、交易思想。

6. 商学院。每年会有100～200场分享活动或者培训。

7. 互助平台。因为股东都是严格选出的，有信任感。

8. 协作平台。200个合作伙伴。

9. 共享平台。能真正做到共享。

10. 社交平台。高质量有效的社交。

11. 中国人的公共空间。一定程度上解决国内公共空间缺失的问题。

12. 商业生态系统。200人形成一个完整的商业生态系统，共生、互生、再生！

第三章

星火燎原：
中国式众筹的案例迭代

北大1898咖啡馆激活了北大校友圈，金融客咖啡聚拢了行业精英，佳美儿童口腔医院开启了股权众筹连锁模式，花色优品用众筹替代了传统VC融资，经心书院实现了区域性企业家抱团发展，AAA糖友空间实现了项目创业期的资金+资源的汇集，人才IPO真正做到了以人为本……案例项目入资额从3万元，到30万元，再到300万元，中国式众筹在两年多时间里实现快速升级迭代，比你想象的来得更猛烈！

金融客咖啡：众筹引领金融变革

佳美口腔：股权众筹的连锁模式

花色优品：众筹替代VC实现跨越式发展

经心书院：区域性企业家人文交流平台

AAA糖友空间：众筹比天使更美丽

"杨勇人才IPO"：全球人才众筹第一单

延伸阅读 代表性众筹项目操作示例

金融客咖啡：众筹引领金融变革

现代金融大多起源于咖啡馆，如同爱德华·劳埃德咖啡馆之于劳合社，汤迪咖啡馆之于华尔街，我们期待金融客咖啡也能在中国金融的发展历程中留下深刻的印记。

金融客咖啡众筹基本信息表

地址	北京市西城区金融街太平桥大街丁章胡同 3 号院 电话：010-82121321
人数	200 人
入资额	第一批 30 万元／人，第二批 50 万元／人
特点	金融行业垂直社交平台
代表性活动	能量午餐（JR Coffee Power Lunch）
首席架构师	杨勇
现任轮值主席	孙刚
秘书长	易辉

金融客咖啡位于北京市金融街丁章胡同 3 号院，是一座具有 600 年

历史的古建翻修四合院。本来它有自己的正门，但在仅仅几步之遥，又开了扇类似车库门一样的小门。从车库门进入就是吧台，直接点单和外卖都很方便，但这并不是开车库门的主要原因。金融客咖啡执委会希望它是一个开放的平台，除一些内部会议外，日常在这里进行的各类活动、项目路演都是开放式的。因此，在秘书长易辉的建议下，专门打通了这扇门。易辉解释说，虽然金融客咖啡有正门，但这样一座四合院，会让一些不熟悉情况的人以为是一家会所而不敢入内。我们开一扇车库门，就是表示欢迎更多的人进来，营造一种平等开放的氛围。这样，人们看到金融客咖啡就不会有种种负能量联想了。

"现代金融大多起源于咖啡馆，如同爱德华·劳埃德咖啡馆之于劳合社，汤迪咖啡馆之于华尔街，我们期待金融客咖啡也能在中国金融的发展历程中留下深刻的印记。筹备短短几个月，我们已经见证了金融界很多标志性的事件发生，未来一定会见证更多。"

1898 咖啡馆的巨大成功，激发了人们对中国式众筹的关注。然而，许多人都怀有这样的一层顾虑，1898 咖啡馆聚焦北大校友圈子，还有北京大学校友创业联合会多年的经营基础，其成功可能很难复制。因此，许多人把金融客咖啡的成功与否，看作中国式众筹是否真正具有强复制性的答案。同时，高达 30 万元的入资门槛以及四合院巨额租金，本身也意味着项目面临的难度和挑战。

在此背景下，杨勇作为首席架构师和 001 号联合发起人，与杨大勇、易辉、兰珍等金融客咖啡核心发起人共同努力，加之中国股权投资基金协会常务副会长衣锡群、北京市金融工作局党组书记霍学文等各界人士的大力支持，打造了金融街的会客厅——金融客咖啡。

金融客咖啡成功开业，极大地增强了持怀疑和观望态度的群体对中国式众筹的兴趣和信心。金融客咖啡执委会首届轮值主席、尚诺集团董事长杨大勇在开业仪式上这样表述：经历十月怀胎一般的精心筹备，借鉴 1898 咖啡馆众筹模式，金融客咖啡以众筹总金额 1 亿元和在北京金

融街核心地段四合院建筑之上的双重震撼，引起社会各界对于中国式众
筹的强烈关注，一扫对于 1898 咖啡馆众筹模式可复制性的怀疑。

重大历史事件发生时，我在现场

金融客咖啡，是一个典型的行业垂直类圈子咖啡馆。

它有着与 1898 咖啡馆相同的操作逻辑，同样由不超过 200 位发起
人通过众筹模式设立，股东回报方面的基本规则是：等额返卡、股份均等、
5 年不倒闭。金融客咖啡旨在打造一个金融领域的社交网络和互动平台，
成为金融精英拓展人脉、寻求合作、促成交易的重要圈子。

相较于 1898 咖啡馆第一批入资额每人 3 万元，金融客咖啡开业前
100 位股东的入资额为每人 30 万元，第二批股东入资额达每人 50 万元，
第三批可能会更高，最终筹资总额超过 1 亿元。用 1 亿元做一家四合院
咖啡馆，无论对什么人、从什么角度看，都是一件令人极为震撼的事。

在股东招募问题上，金融客咖啡依然坚持 1898 咖啡馆众筹模式，
严格甄选股东，申请者需要有两位股东推荐，并经过执委会表决。

在股东来源上，金融客咖啡不再只限于北大校友，而是非常多元化
和开放，从年龄、学校、地域、行业等维度进行结构优化。股东年龄上
仍然以"60 后"、"70 后"为主；学校背景来自北京大学、清华大学、中
央财经大学、中国人民大学、南开大学、武汉大学、复旦大学、中欧国
际工商学院、长江商学院、哈佛大学、沃顿商学院等国内国际名校，执
委的选择也照顾了学校分布和代表性，相同学校背景的股东人数设置了
比例限制；股东行业上则覆盖银行、证券、基金、保险、信托、互联网
金融等各种金融业态，同时在地域上以北京为主，覆盖国内重要金融城
市和全球主要金融中心。

金融街在全球范围内都称得上是"高大上"的财富汇聚之地，会缺

商务交流的地方吗？为什么要选择这里创办金融客咖啡这样一家众筹咖啡馆呢？经过杨勇等核心发起人对于金融街及国内外金融中心所做的充分调研，大家相信，金融客咖啡会成为金融街的一道靓丽风景线：虽然金融街不乏丽思卡尔顿和威斯汀这样的豪华五星级酒店以及诸多高端海鲜酒楼，但缺少具有独特品位、典雅、放松的商务交流场所，金融客咖啡恰好填补了这个空白。同时，咖啡馆与金融历史上就有着天然的密切联系，金融从业者自然会对一个以金融圈为主题的咖啡馆产生归属感。

2014年11月30日，经过十月怀胎式的前期磨合，金融客咖啡正式开业。

开业当天，许多金融界大佬齐聚丁章胡同，各界人士超过1 000人参加了开业仪式。北京市西城区区长王少峰、中国股权投资基金协会常务副会长衣锡群等与近100位发起人，共同为金融客咖啡牌匾和铜牛雕塑揭幕。

发言中，王少峰区长对金融客咖啡提出了三个希望：一是希望大家借助金融街和金融客咖啡的平台为中国的金融业发展贡献力量；二是希望金融客咖啡能够有独特的文化，不要变成守财奴；三是希望每个人怀有一颗真心，为社会做出贡献。

作为金融客咖啡007号发起人，衣锡群致辞说："金融客咖啡远不只是一家四合院咖啡馆这样的物理场所。在金融客咖啡筹备过程中形成了一个跨界组合，这是我参与过的最优秀的组合。以杨大勇、杨勇、易辉、孙刚为代表的年轻人，有一种不同于我们那个年代的特质，年轻、富有激情又非常理性。金融客咖啡就是一个有机组织，我们都是其中的关键节点。一个网络的价值与使用这个网络用户的平方成正比，金融客咖啡正在验证这样一个定律。"

央视财经评论员刘戈的发言很有代表性："早就听说过金融客咖啡，还跟主要操办者一起讨论过，但是一直以来我是等着看笑话的，因为我觉得1898咖啡馆的众筹方式有其独特性，未必能复制。今天来了看到这么大一个院子，我心目当中的一个笑话已经成为现实，所以表示衷心祝贺。"

《中国企业家》杂志执行总编何伊凡说："金融客咖啡是一个交流的平台，交流之后肯定会产生交易，没有交流就没有交易。北京最好的交流平台有哪些？从今天开始我想最好的可能属于金融客咖啡，因为众筹是特别符合人性的一项活动。"

秘书长易辉带领大家回顾了金融客咖啡筹备过程中的种种艰辛和快乐，许多发起人都分享了金融客咖啡给他们的事业和生活带来的方方面面的改变。在开业典礼上，杨勇做了"中国式众筹：新'中国合伙人'"的主题演讲，后来这一演讲内容在微信等多种渠道得到广泛传播。

一直支持和关注金融客咖啡与中国式众筹发展的霍学文书记曾这样表达对于金融客咖啡的期待：**当重大历史事件发生时，我们在现场！**

扫一扫：
关注金融客咖啡微信公众号

你可以了解更多关于金融客咖啡的内容

家人文化

坐拥北京市金融街核心地段的仿古四合院，以及地下深达 9.9 米被称为"金色大厅"的多功能报告厅，金融客咖啡的环境可谓中西合璧。30 万元的入资门槛和严格的股东甄选，使得金融客咖啡发起人都是当之无愧的行业精英。

如此优越的环境与人文条件，如何一步步凝聚人气，塑造金融客咖啡品牌，管理和服务好这些精英，充分发挥大家的优势，成为摆在金融客咖啡执委会面前的一道考题。

金融客咖啡与1898咖啡馆的人员构成不一样，1898咖啡馆的人员都来自北大，而金融客咖啡的人员构成则涵盖了五湖四海十几所学府背景。作为首席架构师，杨勇深知高水平人脉圈子建构不易，一个成功的众筹项目需要前期充分磨合，形成核心，化解疑问，释放风险。时间和耐心必不可少。高质量、注重分享的"能量午餐"的出现，恰恰在磨合过程中充当了最好的润滑剂。

每周三中午的能量午餐饭局活动，在金融客咖啡开业之前就已经开展了三十多期，而且影响力巨大。

能量午餐是2013年3月创立的非营利性组织，最早是由金融客咖啡009号发起人孙刚牵头，由知名企业家和投资人联合发起成立的一个全球网络，有200多个站点。能量午餐的宗旨是"分享、启迪、传递正能量"，对商业、文化和健康等话题开展广泛思考和深度讨论；通过交流，碰撞出看待问题的新思维、新方向和新视角；提倡相互包容、支持和关爱，传播好心情，传递正能量；是为企业家、投资人和高端专业人士打造的O2O分享平台，是一个线上分享干货、线下定制活动的互动空间。作为互动组织形式和公益品牌，能量午餐定期开展聚餐分享、沙龙、私董会、读书会或实地考察等交流互动活动，大的活动有上千人，小的活动有几十人。

金融客咖啡把能量午餐在此基础上发扬光大，大家认为它是全球200多个能量午餐站点中做得最好的，一直以原创、丰富、优质著称。每期活动由一位金融客咖啡发起人做东，邀请其他发起人以及行业领袖、业界专家齐聚一堂，不但要请大家吃饭，还要做主题分享，共同就某一行业热点和前沿话题进行交流和分享。可以说，没有能量午餐，就没有金融客咖啡。

能量午餐使大家在平等分享中凝聚起来，金融客咖啡的家人文化则让大家变成真正高效率的一家人。在参照 1898 咖啡馆开业进行的拍卖环节中，经过激烈竞价，金融客咖啡的第一杯咖啡由发起人、青鸟体育董事长王锋以 11 万元人民币拍得，王锋以"我这个人一辈子就喜欢争第一"为自己做了个简短而任性的广告。易辉临时决定，为体现中国式众筹一贯强调厚道的特点，参照发起人等额返卡制度给所有竞拍人发放等额的金融客咖啡消费卡。易辉的解释是，不能让做贡献的人吃亏，对待厚道人要更厚道。同时，为了避免把拍卖环节变成土豪攀比，拍卖环节并没有过度开展。

易辉的态度，体现了发起人把金融客咖啡视为共同的"家"，视彼此为"家人"，并认可这种家人文化。

在金融客咖啡内部，发起人之间一律以兄弟姐妹相称，凡帅哥皆称师兄，如果称呼某某为"总"则犯"家规"，称人为"总"和被称为"总"的人都要做俯卧撑。为什么呢？股东都是一家人，大家都是平等的，股东微信群称为家人群。你被人称呼职务，可能是你参与"家人"活动不够积极，让大家产生了陌生感，所以，一起俯卧撑吧。

同时，金融客咖啡"家人"之间还形成了很好的守时文化，报名参加活动又有事来不了需提前 24 小时请假，如迟到要在群内发红包，而且金额是上不封顶的。对于执委来说，迟到 1 分钟要发 1 000 元红包；对股东来说，迟到 1 分钟要发 100 元红包；秘书处小伙伴迟到 1 分钟发 10 元红包。这样一来，内部活动非常顺畅，迟到的人大大减少，即使偶尔有一两个人没能及时赶到，通过发红包这样的形式，让大家在抢红包的过程中，既化解了迟到惩罚的尴尬，又增加了愉悦感，强化了家人氛围。这一点的优势在硅谷咖啡之行等国外考察中体现得非常明显，同行的很多人中，来自金融客咖啡的人都非常守时。

秘书长易辉说，一般人会认为大佬们不好管，其实大佬更好管，金融客咖啡的红包规则已经得到大家一致认同和执行。

家人文化与开放情怀，包括能量午餐在内的一年近300场次丰富多彩的活动，使金融客咖啡更像一个交易所和多功能厅。高品质的活动，既能让股东从中获益，也能激发股东的参与热情。无论你是否是发起人，都可以在其中如鱼得水，各尽其能，各取所需。金融客咖啡平台大大活跃了人才、资金、信息的流动和交易，开业半年时间，不仅帮助"家人"机构找到了两个大型基金的CEO，多家基金完成资金募集工作，而且，衍生出来的以金融客咖啡股东牵头、由杨勇进行架构设计的中国式众筹项目也很多，经心书院、鸟巢"亮·中国"等项目已经破壳而出。

杨勇曾经在多种场合说过，参与金融客咖啡的效果，对股东来说远远超过读一个金融EMBA(高级管理人员工商管理硕士)。从费用的角度，北大、清华的EMBA收费一般都是60多万元，而金融客咖啡的股东则算是免费享有，而且效果一定会比读北大、清华的EMBA好很多。

多数人读EMBA，除了学习和学位需求，很大程度上是为了要一个同学人脉圈子促进事业发展。但传统的EMBA包括其同学会虽然人脉广泛，学校方面也考虑班级混搭的需求，但你的授课老师和同学毕竟是你掌控不了、无法选择的。

金融客咖啡完全可以办一个属于大家的"EMBA"：每个股东提交自己心目中理想的10位授课老师名单，排名前100位的老师，由咖啡馆出资请老师来讲课。即使每年讲20场，每人每场讲课费按10万元计，1 000万元也可以讲5年。算到股东身上，5年听各种大师讲课，每个人的成本只有5万元，还不到北大、清华EMBA学费的1/10。

杨勇认为，这样做的优势非常突出。第一，同学是你自己选的，圈子对你有价值，你肯定愿意跟他们在一起。第二，老师也是你自己选的，水平都是顶级的，对你肯定有帮助和提升。

对于金融客咖啡的未来，易辉表示："希望金融客咖啡引领和促进当前中国新金融改革的浪潮。100年之后，发起人都不在了，也许金融客咖啡还在，属于金融客咖啡的故事还在流传，那我们的目的也就达到了。"

佳美儿童口腔医院：股权众筹的连锁模式

除了钱，佳美口腔需要市场、客户、专业人才、品牌、医疗、医生等资源，通过众筹把佳美口腔缺乏和需要的资源融合进去。

佳美儿童口腔医院众筹基本信息表

地址	北京市三里屯店：朝阳区新东路 10 号逸盛阁 A 座 103 室 北京市金融街店：西城区金融大街 27 号投资广场 B 座 4 层 电话：400-650-9970
入资额	30 万元 / 人
特点	股权众筹连锁模式落地
代表性活动	股东乐享会（"佳宴"为代表）
首席架构师	杨勇
董事长	刘宏滨
总经理	张宝山
秘书长	韩树杰

"过去我是给基金打工，自从做了佳美儿童口腔医院的众筹项目之

后，感觉众筹股东是在给我打工！"2014 年 10 月 18 日，1898 咖啡馆一周年庆典上，佳美口腔董事长刘佳如是评价佳美儿童口腔医院众筹项目。

与金融客咖啡几乎前后脚开业的佳美儿童口腔医院，是基于中国式众筹逻辑推进实现的第一个股权众筹案例，也是医疗领域第一个成功的股权众筹经典案例，与 1898 咖啡馆和金融客咖啡聚焦圈子平台不同，佳美儿童口腔医院项目是首先需要考虑财务回报的中国式股权众筹模式。源于 1898 咖啡馆的中国式众筹，在与行业优势资源结合的情况下，能够爆发出巨大的投资价值。佳美儿童口腔医院众筹具有很大的典型性，已经成为各界关注和研究股权众筹无法绕过的标杆案例。

众筹全国第一家儿童口腔医院

和任何投资项目一样，股权众筹的首要问题也是对项目市场前景和运营团队的分析和考察。

佳美口腔始建于 1993 年，是中国第一家连锁经营的大型现代化口腔医疗机构。佳美口腔采用世界口腔医疗前沿设备及医疗技术，开展口腔内外科、正畸、烤瓷牙及种植牙等业务；拥有系列自主知识产权、国内高水平的口腔医疗专家队伍和专业的运营管理团队；目前在国内各大城市拥有 30 多家直营连锁门诊，终身会员达 100 万人，常年会员 31 万人，其口腔医疗的案例和数据库为全球第一。哈佛大学商学院于 2010 年将佳美口腔纳入了年度商业案例，并邀请刘佳董事长到哈佛大学商学院参与案例讨论和讲座。

从市场需求看，儿童牙科的市场潜力巨大。中国患龋率较高，尤其是儿童的口腔健康形势不容乐观。中国 5 岁儿童乳牙患龋率为 66%，在世界上处于较高水平；12 岁儿童的患龋率也达到 29%。根据最新流行病学调查，目前在中国儿童当中，错颌畸形的发病比例在 60% 左右。

最常见的儿童口腔疾病有龋齿、牙齿畸形等。北京地区的儿童牙科市场潜力预计每年 10 亿元左右，全国可达到 50 亿元。

儿童牙齿健康已成为社会各界亟须解决的问题，政府有意向与权威私立医院合作打造儿童牙科专科医院。实际上，由于佳美口腔多年积累的综合实力，经政府部门授权，佳美儿童口腔医院最终挂牌为"北京儿童口腔防治医院"，于 2014 年 11 月 20 日正式开业，成为全国第一家儿童口腔专科医疗机构。

这一众筹项目在与佳美口腔刘佳董事长确立合作意向之后，经历了整体框架设计、几次线下沟通及项目正式启动等过程。经过几个月的反复磨合，到佳美儿童口腔医院项目正式报名时，已在圈子中引起了广泛的兴趣。很多人踊跃报名，且报名者整体上的层次超出了预期。

需要特别注意的是，股权众筹项目前期要更加谨慎，慢工出细活，核心是选出靠谱的众筹出资人，尽量规避和消除未来可能出现的风险。

由于项目众筹方的出资人同样是等额出资、股份均等，佳美方面并不主导众筹合伙人一方的股东筛选和内部运行，因此必须在前期尽快形成项目的众筹组织机构，才能推动项目的顺利进行。这一过程

扫一扫：
关注佳美口腔微信公众号

你可以了解更多关于佳美口腔的内容

就带有浓厚的自组织色彩。

首先，经过前期的项目讨论，大家对佳美儿童口腔医院项目有了初步的了解，在此基础上建立了有出资意向的股东候选群，并开展了第一轮报名——众筹项目董事、监事预报名，申请者需要按要求提供详细的个人资料。在此基础上，2014年9月1日召开了一次董事、监事候选人会议，经过详细的自我介绍和讨论，形成了众筹方的董事、监事人选，由刘宏滨担任该项目众筹投资机构董事长，张宝山担任总经理，杨勇担任首席架构师，韩树杰担任秘书长，成立了执委会和监事会，并设立工作组，负责众筹项目推进及日常工作；同时还设立了股东甄选组，负责下一步众筹投资人的遴选。至此，项目迈出了具有实质性的关键一步，组织机构形成之后，众筹项目的推进就更加有章可循。

接下来，在候选群中开展了第二轮报名——股东报名，每位股东除了提交详细的个人简历，还需要至少一位董事或监事作为推荐人。由股东甄选组按照报名情况确定最终股东名单，并将股东名单及简历提交佳美方面做最后的审核。

从1898咖啡馆到金融客咖啡，再到佳美儿童口腔医院，筛选股东的标准一以贯之：聚焦项目形成生态圈，重点关注项目相关的产业链上下游和合作方，能够带来资金、客户、市场等资源促进项目发展，同时考虑出资人之间有相互合作的空间，能够孵化出更多的东西。因此，对出资人的简历要求非常详细，要求有推荐人，层层背书。

而刘佳董事长对众筹股东选择的要求就是参与者年龄不能太小，因为有经历的人才有资源。他说："目前我们进入飞速发展的时期，没有时间再犯错误，和我同龄的人有经验和阅历，很快就能够体现价值。"

按照上述考虑对报名股东进行考察，最终确定的股东人选佳美方面非常满意，没有提出任何异议。

股东名单确定后的工作，聚焦于众筹股东内部协议、众筹方与佳美方之间合作协议的起草、协商和最后的定稿签署。在这个过程中，前期的核心股东如董事长刘宏滨、总经理张宝山、投资委员会牵头人费德心、秘书长韩树杰等工作组成员发挥了重要作用，不仅在股东内部召开了几次线下说明和讨论会，同时，与佳美方面也展开了一轮又一轮的合同谈判。最终，所有合同定稿签署，众筹投资人三天内全部入资到位。

为了发挥各位股东的特长，激活股东的参与积极性，项目还组成了几个委员会，如技术委员会、品牌委员会、营销委员会、财务委员会、投资委员会等，要求每位股东至少加入一个委员会。同时，不定期举办"佳宴"活动，由股东轮流牵头，开展聚餐、分享、爬山、参观等形式多样的活动。通过活动让更多人把资源带进来，促使股东在享受收益的同时顺便做出贡献，把项目做成一个利益共同体的社交平台。

财务回报之外的合作孵化空间

佳美儿童口腔医院开业之时，虽然没有刻意做媒体宣传，但还是引起了各界的极大关注，成为业界公认的极具影响力的股权众筹成功案例，之后每天前来了解这个项目运作的人络绎不绝。

如果说参与1898咖啡馆和金融客咖啡不是追求直接财务回报，而是追求人脉圈子的合作收益，那么佳美儿童口腔医院就是典型的追求直接财务回报的股权众筹项目（如图3-1所示）。在此基础上，通过中国式众筹的逻辑，同样会形成一个极有合作空间的互动圈子。

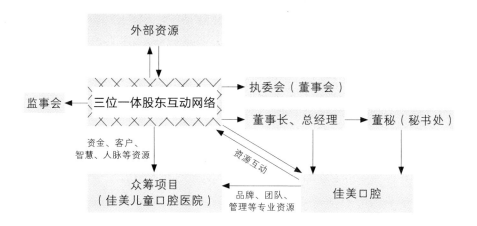

图 3-1　佳美儿童口腔医院股权众筹模式架构

　　佳美口腔的现金流较好，为什么还要通过众筹方式来做儿童口腔医院？除了融资之外，更重要的是获取发展资源和品牌效应。正如刘佳董事长所说："除了钱，佳美口腔需要市场、客户、专业人才、品牌、医疗、医生等资源，通过众筹把佳美口腔缺乏和需要的资源融合进去。"

　　（1）众筹投资人带来了客户等未来发展所需资源。众筹投资人不仅出钱，还要出力，带来智慧、人脉、客户、合作伙伴等资源。医院属于毛利高、回报周期长的项目，如果自己开新店要有两年养店期。通过众筹方式开新店，每个股东带来几十个客户，对于在全国试水的第一家儿童口腔医院来说，已经把经营风险控制住了。同时，这些股东也是佳美口腔未来发展的重要资源，很多股东个人还与佳美口腔展开了更深入的合作。

　　（2）众筹给佳美口腔带来了很大的品牌效应。作为全国领先、影响巨大的股权众筹案例，全球十几家商学院已经把它作为众筹标杆案例进行研究和讨论，这给佳美口腔的品牌价值带来很大的提升。

　　（3）众筹项目的成功产生了标杆示范价值，提升了佳美口腔的议价能力。刘佳董事长明确表示，未来佳美口腔在全国开店都会考虑通过众筹方式来做，与当地资源进行有效结合。

佳美口腔众筹项目模式的推进速度很快。比如，佳美口腔大连店仅仅用一天半的时间，1 000 万元资金全部到账，原计划只需要 400 万元，因为很多人想参与，所以超募了。店还没有开业，第一个月的预约就已经排满了。这，就是众筹的力量。

对众筹出资人来说，也获得了多方面的超值回报。

（1）最直接的是项目本身的财务回报。股权众筹项目要想吸引足够高端、有资源的众筹合伙人，巨大的投资回报空间是必须具备的。除了正常的分红之外，佳美口腔还有上市计划，那就意味着回报上更有想象空间。同样，股东个人与佳美口腔之间基于自身资源也促成了许多合作，这种合作收益有时比项目本身收益更大。

（2）股东本人及亲戚朋友在佳美口腔的整个服务体系中，会享受到独特的低价折扣。股东介绍朋友来看牙，既给佳美口腔增加了收益，对股东来说也是很有面子的事。同时，收入的增加意味着项目会带来更多的股东分红。

（3）通过这个项目的推进，股东们之间产生了充分的信任，相互之间有着许多资源对接、相互合作的机会。这一点在整个过程中体现得非常明显。例如，项目入资刚刚完成，股东们就已经在微信群里讨论一起众筹其他项目，如月子中心、海景别墅等，还有股东开始探讨一起合作成立公司。

中国式的股权众筹，拥有巨大的市场空间，无论是直营模式还是加盟模式，运用股权众筹都可以有效地降低开店风险，加快开店速度。

花色优品：众筹替代VC实现跨越式发展

我觉得他们就是我的家人，这种感觉真的很温暖，有了他们，我做花色优品就不会孤独。

花色优品股权众筹基本信息表

地址	北京市丰台区南四环西路 188 号总部基地 18 区 26 号楼 14 层 电话：010-82800767
入资额	30 万元／人
特点	众筹替代 VC 实现跨越式发展
代表性活动	股东乐享活动
首席架构师	杨勇
董事长	钟华
总经理	范津涛
秘书长	孙建荣

"花色优品做众筹最大的收获，就是找到了一群与你的梦想、愿景和价值观相同的人，这是非常幸运的。我们的这些众筹出资人，都是

热爱花色优品产品的超级粉丝，他们去体验你的产品，给你很多很好的建议，主动帮你做营销做品牌，给你很多你需要的资源……我觉得他们就是我的家人，这种感觉真的很温暖，有了他们，我做花色优品就不会孤独。"

这是花色优品创始人万格格在花色优品股权众筹项目完成之后的感悟。

见过花色优品创始人万格格的人，都会真切地感受到她的使命感和情怀，因此她被马云创办的湖畔大学首期录取也在情理之中。

花色优品股权众筹超越了传统 VC（风险投资）融资所能达到的效果，实现了企业的跨越式发展。

湖畔一期唯一未拿投资的企业

湖畔大学，坐落于杭州西湖鹄鹄湾附近，前身为马云、冯根生、郭广昌等共同发起创办的私人会所——江南会。2015 年 1 月 26 日，马云、冯仑、郭广昌、史玉柱、沈国军、钱颖一、蔡洪滨、邵晓锋在杭州共同启动湖畔大学项目，8 人成为首批校董会成员，第一任校长由马云担任。湖畔大学专注于培养具有新商业文明时代企业家精神的新一代企业家，主张坚守底线，完善社会。其第一期 36 名学员，从定向邀请面试的 150 人中产生。

经杨勇推荐，1898 咖啡馆联合创始人、花色优品创始人万格格成为候选人，并最终被录取为湖畔大学第一期学员。

万格格一直是一个有着社会责任情怀的人。早在 2000 年，她的公司在规模不大的情况下，就为支持北京申办 2008 年奥运会，慷慨赞助了 30 万元人民币，当时全国只有 12 家赞助商。而万格格认为，做企业就应该反哺社会，应该支持国家的发展。2005 年，由于超强的创意设计能力，万格格的公司成为北京 2008 年奥运会特许生产商和销售商（全国只有 67 家企业获此殊荣），设计生产了很多精美的创意奥运礼品。

2011 年，万格格创立了花色优品（Stylor）品牌，聚焦于家居和礼品市场。智能家居被普遍认为是下一个千亿元级市场，礼品市场规模庞大、前景广阔，人们也越来越看重健康时尚、个性环保，公司的发展有着巨大的想象空间。

花色优品是一家非常特别的公司，市场上很难找到完全对标的企业，业态类似无印良品，但产品体系和理念有很大不同。花色优品是中国原创设计品牌公司，致力于让健康的生活方式走进千家万户，承担中国 1 000 万个家庭不生病、少生病的使命，秉承"重新设计身边物"的设计理念，依托环球设计团队，精选纳米硅胶、无铅玻璃、竹木、棉布、Tritan（共聚酯）、牛皮纸等环保材质，以膳食平衡"3 顿饭 + 每天 6 杯水 + 适当运动 15 分钟 = 低碳生活 24 小时"的健康生活方程式为设计主线，生产创新实用的生活用品，让人们在使用中养成良好生活习惯，感受生活的美好和有趣。

短短几年时间，花色优品拥有了 180 多款原创产品，80 多个国家专利，连续 3

扫一扫：
关注花色优品微信公众号

你可以了解更多关于花色优品的内容

年获得 5 尊中国红星设计奖，并荣获中国低碳榜样奖，这种创意设计能力在同行业中是非常突出的。

事实上，万格格最初并没打算通过众筹融资，而是想找 VC 融资。但是看到过去一年在杨勇的推动下，中国式众筹已是风生水起，才考虑利用众筹方式进行融资。

按照中国式众筹的逻辑，花色优品股权众筹以熟人圈众筹的方式，出让花色优品 10% 的股权，筹资上千万元人民币，每人入资 30 万元。

万格格被湖畔大学录取之后，对于花色优品的估值来说是一个重大利好，而众筹估值仍然按照之前谈定的价格来操作，对众筹投资人来说自然就更有吸引力了。

替代VC实现跨越发展和估值提升

明确要尝试众筹融资之后，在首席架构师杨勇的指导下，万格格私下沟通了 10 位比较熟悉和认可的朋友，组织了第一次众筹闭门讨论会。经过讨论，大家对这种模式都比较认同，有出资意愿并提出了很多建议，基本形成了第一批意向出资人。同时，杨勇也通过微信朋友圈发布了相关信息，在极短的时间内，就有许多人表达了对这个项目的兴趣。

在此基础上，候选股东群应运而生，一周内入群者超过 200 人。通过微信群内的沟通和交流，大家加深了对万格格和花色优品的了解，相互之间也形成了基本的认同，为项目的推进打下了良好的情感和信任基础。

2015 年 3 月 14 日下午，在花色优品公司的会议室中，召开了花色优品股权众筹项目第一次线下路演。整个路演活动的前期组织和现场服务工作，都是由候选股东群里的志愿者团队来策划、完成的。第一次路演有 60 多名候选股东报名，许多有事无法到达现场的人，也都表达了出资意愿，并希望参加第二次路演。通过现场的参观和说明会，大家对花色优品及其创始人万格格有了更深入的认识。路演刚一结束，就有很多股东纷纷报名，不但提供自己的详细简历，还积极介绍自己的资源背景，说明能为花色优品做出哪些贡献。

为什么说通过众筹能够颠覆传统 VC 融资？

原因在于，与 VC 相比，熟人圈众筹具有许多优势。中国式众筹不是单纯要钱，而是通过熟人圈网络，把对公司未来发展有价值、有资源、靠谱的人锁定为股东，共同推动企业的发展，共同分享企业发展的收益。

按照熟人圈众筹的逻辑，花色优品在筛选众筹出资人的时候，要优先考虑花色优品未来发展所需要的核心资源，如互联网营销、信息技术、销售渠道、品牌推广、大客户资源等，并通过各种熟人网络找到拥有这样资源的人来做股东。

如此，万格格做公司不再是"单打独斗"，而是拥有了强大的后盾：一个豪华智囊团和庞大资源库，他们会随时提供各种创意、想法，为花色优品介绍各种客户和其他资源，成为产品的第一批体验者并反馈改进建议，宣传花色优品的品牌、价值观，成为花色优品的"推销大使"……

这样，企业就很容易实现跨越式发展，估值自然会大幅上涨。做完这轮众筹融资，如果花色优品需要新一轮融资的话，同样是千万元级的融资，只需要出让更少的股份就能完成。

花色优品众筹项目的股东确定后，自然形成了非常有特色的群体文化。这些股东都非常认同花色优品价值观，喜爱花色优品产品，追求健康的生活方式，都有着热情洋溢的性格。所以，股东群非常活跃，音乐、艺术、美食、健身、创意等分享随处可见，各类线下沟通交流、乐享生活活动也是令人眼花缭乱。

通过这次股权众筹，创始人万格格也发生了巨大变化。过去，万格格是设计师思维，一个人努力创业，没有时间交朋友，遇到问题也没人商量，当然会非常孤独与辛苦。做完众筹以后，她发现："这些出资人就像你的家人一样，每天都非常活跃地交流互动，主动关心你帮助你，有什么需要的时候，随时可以提出来，大家也不会觉得唐突，因为大家每天都看着你，都很理解你。"

经心书院：区域性企业家人文交流平台

让优秀的传统文化在互联网时代得到更好的表达与传播，让传统文化与当代文化相适应，与现代社会相协调。

经心书院众筹基本信息表

地址	武汉市武昌区沿湖大道 58 号磨山景区东湖樱花园内 电话：027-87101869
人数	200 人
入资额	第一批 20 万元 / 人，第二批 30 万元 / 人
特点	区域性企业家人文交流平台
代表性活动	经心读书会、经心能量午餐、经心大讲堂等
首席架构师	杨勇
首届轮值主席	邬剑刚
执行主席	熊华敏
名誉山长	郭齐勇
执行山长	陈雨倩

"推动众筹经心书院的过程虽然辛苦，但我觉得很充实，把荆楚区域性企业家凝聚在一起将产生巨大价值，不仅能够弘扬传统文化，还能实现优势互补、抱团发展，很有意义。感谢杨勇打造了1898咖啡馆和金融客咖啡，为我们树立了学习的标杆，并且还指导了经心书院的筹建。"经心书院执行主席、湖北华敏投资有限责任公司董事长熊华敏如是说。

自古以来，书院就是汇聚八方英才、彰显人文精神的圣地，对于中华文化的传承和发扬具有重要的历史意义。众筹复建经心书院，汇聚了一大批湖北省的一流企业家，已成为湖北最经典、最有影响力的众筹项目，也是区域性企业家群体的众筹落地标杆。

众筹复建荆楚人文圣地

湖北经心书院，是1869年（清同治八年）张之洞任湖北学政时创办的。他到任不久，就商请时任湖广总督的李鸿章、湖北巡抚郭伯荫筹拨公款，并个人捐俸银建经心书院。经心书院的宗旨是："以治心者治经而经正，以治经者治心而心正。"

经心书院引导了清末时期地方教育发展潮流，成为晚清教育改革的典范。在张之洞"经世致用"思想的指导下，书院坚持"中学为体、西学为用"的办学原则。书院条件优越，选拔严格，由学政在各县诸生中"拔其优秀者"入院学习。1898年（清光绪二十四年），张之洞令书院新设外文、天文、格致、制造四门课程，从而演变为新式学堂。

经心书院培养了一大批当时的精英人才，包括：近代著名书法家张荆野，"江楚奇才"吴兆泰，著名词人谭仲修，以及大批中国同盟会发起人与辛亥革命风云人物如李书城、耿伯钊、李步青、谈锡恩等，对湖北乃至全国产生了深远影响。

2015年5月30日，通过众筹复建的经心书院盛大开业。

至此，经心书院历经 146 年风风雨雨，重建于楚文化中心武汉的东湖之畔。

众筹复建的东湖经心书院，是目前荆楚大地上唯一以行业翘楚、业界精英群体为主体，进行文化积累、文化传播、文化交流的场所。书院的定位是：文化传承、智慧分享、孵化创新。书院聘请当代新儒学大师、武汉大学国学院院长郭齐勇教授出任名誉山长。

书院会定期为发起人举办经心读书会、私董会、主题沙龙、项目实地考察、项目路演等活动；私人定制发起人专属品牌宣传、项目路演与文化公关活动，成为彰显发起人高信任度、公关交流、创投融资、修身养德之专属场所。值得一提的是，经心书院把金融客咖啡的"能量午餐"复制过来，正式开业之前已在武汉举办过多次经心书院"能量午餐"。

同时，书院还承办开放式的国学堂、道德讲堂、企业家大讲堂、青少年传统文化研习、素食馆、藏书阁、读书会、古风八雅、传统文化主题展览与交流等。通过这些活动，弘扬传统文化，凝聚湖北人文精神，成为湖北英才沟通交流、学习成长、修身养德的场所。

在经心书院开山典礼上，首届轮值主席、奥山集团董事长邬剑刚说："我们

扫一扫：
关注经心书院微信公众号

你可以了解更多关于经心书院的内容

想通过这一探索与实践，让优秀的传统文化在互联网时代中得到更好的表达与传播，让传统文化与当代文化相适应，与现代社会相协调……创造中华文化新的辉煌。希望我们现在所做的每一个微小的努力都能够汇聚起来，成为推动中华文明复兴这项伟大事业前进的动力。"

出席开山典礼的文化名人余秋雨先生，对经心书院做了非常传神的解读："经是指经典，心是指世道人心，世道人心要在经典的照耀滋润下才能提升，经典要由世道人心去激活才能成为活的经典……"

首家区域性企业家众筹交流平台

借鉴 1898 咖啡馆众筹模式复建经心书院，既可以说是一个巧合，也可以说是天时、地利、人和的必然结果。

首先，弘扬传统文化、增强文化自信已成为当代中国社会发展的大势所趋。习近平总书记强调："中华优秀传统文化是中华民族的突出优势，是我们最深厚的文化软实力。""惟楚有才"的湖北，是中华民族灿烂文化的重要发祥地之一。位于武汉市中心城区的东湖，是国家 5A 级旅游景区，以天然湖泊景观为核心，三面环水，六峰逶迤，在中国的历史文化和风景名胜中具有重要地位，经心书院复建于此非常合适。

其次，中国式众筹模式为复建经心书院提供了高效的落地工具。2014年被称为"中国众筹元年"，众筹在中国已是风起云涌。1898 咖啡馆开启了中国式众筹新时代，其模式为经心书院复建提供了强大武器。

再次，一群有能量、有担当、有使命感的湖北企业家，发心发愿要弘扬和传播中华传统文化。以邬剑刚、熊华敏为代表的湖北籍企业家，有着浓重的传统文化情结和社会责任感，通过借鉴中国式众筹模式，凝聚了一批湖北企业家共同为弘扬传统文化做出贡献。

作为经心书院创始人之一的熊华敏，是中华全国青年联合会委员、人大代表和政协委员，同时也是金融客咖啡发起人，在北京、武汉和海外有多年的酒店、投资等行业经验。几年前，熊华敏通过湖北团省委成立的社团组织北京青年交流促进会认识了老乡杨勇。1898 咖啡馆创建之初，就引起了熊华敏的兴趣。杨勇等人推动金融客咖啡的过程中，熊华敏的一层茶楼，曾一度作为金融客咖啡的候选场地和能量午餐的活动会场，以此为契机，熊华敏也开始参与金融客咖啡早期筹备的活动。

虽然金融客咖啡最终另有选址，但熊华敏却加深了对金融客咖啡的了解，成为金融客咖啡的早期发起人之一，后来她还推荐了湖北籍著名房地产企业家邬剑刚加入金融客咖啡。在金融客咖啡的成功案例影响下，她和邬剑刚萌发了通过众筹方式复建经心书院的想法。

经心书院众筹分三期进行，精选湖北有影响力的企业家参与，并对行业进行了细分，拟邀请 200 位发起人参与。第一期每人 20 万元，于 2014 年 12 月启动，2015 年 2 月 14 日截止，共有 26 位发起人加入。第一期发起人大多为全国人大代表、湖北省政协委员、湖北省人大代表、武汉市政协委员、武汉市人大代表、省工商联副主席或常委、省青年联合会常委等。第一期发起人成立了第一届执委会，并选举邬剑刚担任第一届轮值主席，熊华敏担任执行主席。第二期计划邀请 30 位发起人加入，每人 30 万元。第三期招募人数与金额由执委会商定。

大家为什么愿意加入书院？因为企业家们需要优势互补、抱团发展，而 1898 咖啡馆众筹模式是能够让企业家们抱团发展的最好方式。

作为金融客咖啡的发起人，熊华敏把金融客咖啡的一些"经验"带到了经心书院，从一开始就形成了书院的文化。虽然股东都是湖北籍企业家大佬，但经心书院按照规则一视同仁、严格要求，比如：不能委托副总或者秘书代为出席活动、迟到要处罚、书院内不能抽烟等。刚开始，有些人并不理解。后来，部分股东参加经心书院"北京之夜"活动，听杨勇分享众筹理念并参观了金融客咖啡，大家都觉得非常震撼，开始理解和认同规则的作用。现在经心书院的各项活动大家不但积极参与，而且都愿意主动向朋友甚至陌生人介绍经心书院和众筹模式。

轮值主席邬剑刚身上发生的一件小事，也能反映经心书院的凝聚力。经心书院开业前一天，邬剑刚在外参加活动，根据时间安排当晚需乘飞机到武汉。而活动在一个很偏远的地方，由于种种原因无法按时赶到机场，邬剑刚跳下活动组织方的大巴车就开始在路边拦车，拦不到车，他干脆跑到路边一户人家，付钱请求人家用私家车送他去机场，后来人家用面包车把他及时送到了机场。为了给这段珍贵的旅程留下纪念，邬剑刚还和司机及其"爱车"合影留念。

AAA糖友空间，众筹比天使更美丽

与高度肯定赵平教授的为人靠谱相比，杨勇始终认为项目风险是很高的，需要给参与者以足够提示。

赵平教授的 AAA 糖友空间众筹项目，是杨勇接手的第一个"短平快"天使或者早期众筹投资项目。

赵平教授是清华大学经管学院市场营销系主任，中国企业研究中心主任，博士生导师，国内知名的市场营销学专家。

近些年，赵平教授在清华大学为全校研究生开设了一门"创业营销实务"课程，令他自己也想不到的是，在他临近退休的年龄，却迎来一个创业的机会。

杨勇也没有想到有这个结果，是他建议中关村管委会成立"教授天使投资联盟"，聘请赵平教授做执行会长的。由此两人结识，然后赵平教授邀请杨勇帮其进行天使轮众筹股权融资。

引导赵平教授义无反顾走上创业道路的，竟然是他十余年的糖尿病史。

痛点激发出来的创业机会

赵平教授的糖尿病历程，与绝大多数糖友一样，充满了无奈。

2003 年，赵平教授就发现自己的血糖值超标了，但在接下来的很多年，他都不"接受"患病的现实。直到 2008 年，他翻看历年的血糖值，发现已经呈递增趋势，这才引起了他的重视，为此，他甚至放弃了一次去法国做访问学者的机会。

虽然遍访顶尖医院，但赵教授的血糖控制还是不能达到正常水平，经常感觉腿部乏力。2015 年，赵教授在协和医院做了连续 6 天的血糖值测试，发现不仅空腹血糖值较高，而且餐后血糖值更高，平均达到 15 毫摩尔／升。医生告诉他，这样的水平距离并发症不远了。

虽然在医生建议下对用药进行了一系列调整，但血糖值还是无情地处于超标状态，赵教授觉得要自己想办法了。

赵教授明白，要有效控制血糖，主要依靠自己调整饮食和运动，这就要求记录饮食、运动和血糖值。2015 年 9 月，他让学生开发了一个微信公众号，每天用手机记录。其实，这种通过记录控制血糖的方式以往就有，有的医院甚至专门印成本子供患者使用。但因为无法进行热量换算及录入麻烦等原因，能够坚持使用的糖尿病患者很少。现在有了智能手机、移动互联网，过去的许多问题都可以解决啦。

赵教授开始录入数据后，9 月份的血糖达标率为 34%，已经高于原先水平；10 月份，达标率达到 86%；11 月份，达标率则超过 90%。赵教授觉得"太神奇啦"，他想知道原因。通过查找国内外文献，他发现心理学中"量化与反馈对达成目标有重要影响"这一理论能够很好地解释这种结果。

这种管理方法，在不改变用药的前提下，使患者通过调节自己的饮食与运动，逐渐降低血糖值。赵教授打比方说："好比人感觉到今天比昨天冷，就会主动多穿衣服一样。如果看到今天血糖值不理想，就会想到可能是馒头吃多了，明天自然会少吃一点儿或者增加一些运动量。"

由己及人，赵教授觉得这种方法有研究推广的必要。他组建了由清华大学教授、协和医院教授，以及博士生们共同组成的研究团队来做这件事情。

中华医学会和世界卫生组织的报告显示，中国有超过 1.4 亿糖尿病患者，成年人中处于糖尿病前期的比率竟高达 52%。作为一名教授，赵平觉得这不是个人的事情，而是中国整个人口质量的问题。因为他知道，一旦患上并发症，平均每个患者的寿命将减少十年。对应着 1.4 亿患者这个天文数字，赵教授觉得这件事值得做，而且要当成自己退休后的事业了。

其实，这个 1.4 亿人的大市场早已经是一片"红海"。在杨勇组织的两次线下交流会上，都有人很尖锐地提问，产品优势何在，商业模式何在？好在，赵教授早有准备。

逾 300 家公司为糖友提供 APP，微信公众号则有上千家。看上去竞争很激烈，甚至有几家获得了千万级美元注资。赵平教授项目的优势在哪里？

站在讲台上的赵平教授，以他特有的从容与自信回答大家：用户体验。AAA 糖友空间作为一种行之有效的解决方案和公益特性，会使用户有非常良好的使用体验并快速达成目标。几乎所有的同类产品，都走入了医患交流平台这个误区，由于信息不对称与服务不对称，糖友与医生在平台上交流几乎不可为。因此，辛苦获得的用户成为"僵尸"。与绝大多数竞争对手相比，量化反馈模式特性和公益特性，使 AAA 糖友空间的用户体验好，推广工作优势明显。当用户数量达到规模化后，赢利自然是水到渠成。

人比项目"靠谱"

为什么愿意接手赵平教授项目的众筹操作呢？用杨勇的话来说，因为他看到赵平教授谈论项目时的那种眼光，那是"只有富于激情的创业者才有的眼光"。与项目本身相比，杨勇更看重赵平教授本身的价值，靠谱。

AAA 糖友空间这个项目，杨勇经过初步的调研认为很有前途，但是毕竟路还很长，所以，与高度肯定赵平教授的为人靠谱相比，杨勇始终认为项目风险是很高的，需要对给参与者以足够提示。

赵平教授其实不差钱，这是杨勇的判断。因为赵平教授桃李满天下，愿意支持区区百万元的学生为数不少。为什么他要通过众筹开展工作呢？钱既然不是问题，当然是想通过众筹汇集各方面的资源。

的确如此，赵平教授计划拿出 100 万元承担前期的费用。决心很大，而且已经投出去了 30 万元左右，与协和等多家医院都有合作关系，打下了很好的基础。

开始建微信群时，赵平教授并没有出现，这也是杨勇的有意安排。

开始要营造赵平教授的神秘感。如果建群之初他就在，群友必然纠缠于细节，有可能导致顾此失彼。

预热差不多了，杨勇在群里公布了第一次线下交流的信息。2016 年 3 月 10 日，报名的人数超过 50 人。聚会在清华经管学院举行，会上讨论热烈，氛围很好，大家纷纷准备趁热打铁，把缴费的事宜提上议事日程。

秉承一贯的"收钱不急"原则，杨勇希望大家再冷静一段时间。一下子就"冷静"了三周。

第一次线下交流，使赵平教授打消了顾虑，他觉得见到的众筹投资人比较靠谱，他们的各种资源能够弥补自己的不足。他开始主动拉人加入微信群。

3月11日，拟参与人曹培红的一篇名为《清华教授的糖尿病创业课，全世界的EMBA都没有机会选》的文章出炉，以调侃的口吻说"不是糖尿病患者都不好意思发言"、"卖的不是药而是情怀"，显示了参与者的积极态度。

杨勇自然也没有"闲着"，与赵平教授一同列出需求资源13条标准。这样，寻找投资人的标准就出炉了。群里大家也纷纷响应自荐，晒出其中自己认为符合的若干条标准。

3月31日，第二轮线下交流，报名人数达到了75人，实到人数接近百人。赵平教授对项目进行回顾，协和等医院的相关专家进行了讲解，并一同回答了大家关注的问题后，时机成熟，杨勇抛出了成立执委会的建议，通过成立执委会使项目进入正常运转的轨道，并征集愿意做执委的人。响应空前热烈，仅现场就共计有36人报名。

再次强调风险和肯定赵平教授价值的同时，杨勇提出了募集资金的总目标：300万元，占股10%。每人的出资额为6万元左右。众筹参与者以一家公司的名义参与赵平教授的项目，拥有两个董事席位。

杨勇还专门要求股东每人找10位活跃用户。

2016年4月17日，股东执委会成立，并召开第一次会议。

经由杨勇、易辉、赵平、蒋磊（人力资源专家）和赵平指定的董事长人选张健儒共同组成的5人的筛选委员会紧锣密鼓的工作，产生了9位执委及第一批股东人选共计35人。他们按计划将在2周内完成出资，否则由候选股东替代。同时，为了发挥股东的优势和资源，共同推动项目发展，战略管理、运营发展、公共关系、风险控制、移动互联网5个委员会成立。

5月，召开股东大会。在总结这个众筹项目时，杨勇再次强调，这是替代早期投资或者天使投资的一次成功尝试，仅仅一笔钱的价值有限，通过众筹寻找资源与关系，并进行市场推广，这才是最主要的。

同样，回归天使投资的本质，即用自己的钱投资。这也是杨勇认为

AAA 糖友空间项目众筹的意义所在。如果感觉不错，就支持他一下；风险大，一直如此。因此，"不提风险都是骗子"，杨勇表示，只看好赵平教授本人，"试想，以后请他给你的活动站一次台也很有价值啊"。

附：众筹股东及执委征选条件

◎ 能够推动较多糖尿病患者使用该系统的

◎ 有资源推动社区居委会市场的

◎ 有资源帮助拓展医院渠道的

◎ 有资源切入中老年退休群体的

◎ 有资源及能力进行新媒体营销的

◎ 有医药管理背景的

◎ 糖尿病医药企业人员

◎ 内分泌专业医生

◎ 有移动医疗企业运营管理经验的

◎ 口碑领袖

◎ 有传媒资源的

◎ 有能力并愿意作为合伙人全职创业的，运营、技术都需要

◎ 最重要的就是对这个项目热心、热情的人，年龄 30 岁以上

"杨勇人才IPO"：全球人才众筹第一单

让真正干活的专业人才重新掌握话语权，破解资本功利性属性。

咖啡馆众筹是中国式众筹最基础的运用形式，而人才众筹则是众筹的最高境界。如果难度极大的人才众筹都能做成，其他一切众筹形式都不在话下了。

人才股票与人才IPO

人才众筹分成两类。

一类针对大学生，叫人才股票。我们从大二、大三的学生中选出若干优秀学生，提供全方位资源支持，制订加速成长计划，给他们学校不能给的东西，比如资助、培训等。回报是工作之后的一定年限中返还其收入的一定比例。例如，毕业之后30年，每年返还其收入的5%。

根据过去10年的摸索，按照企业需要，我们总结出好学生的七大特征：（1）成绩特别好；（2）特别活跃，如学生干部；（3）在各类大赛上获奖；（4）有专长，专长并不局限于一些常规技能，还包括一些另类的特长，比如你特别懂美食就是专长，去美食杂志会特别有竞争力；（5）专业特别稀缺；（6）特别另类；（7）有特殊的家庭背景。前六个特征都是显性的，很容易区分和找到这样的学生。最后一个特征，在同学之间也是半显性的。

一个学生如果这七个特征一个都不具备，发展就比较困难；具备的特征越多，就说明可以找到更好的工作。通过这些标准，未来我们能够把学校里的好学生都找出来。

这种模式本质上是一个保险产品的反向操作。你能赚钱的时候，每年交钱给保险公司，等你老了保险公司给你返钱。人才股票模式是在你读书的时候给你钱，给你资源，而你毕业之后给我们返钱。

另一类针对高端人才，叫人才IPO。所谓人才IPO，就是将个人视为一家成长性企业，以众筹的模式向熟人圈募集资金。

中国人的熟人圈里，人和人相互之间是有心理价位的。所谓人才IPO，就是把你心目中的价位予以量化。如果一个人给你50万元，200个人就可以众筹1亿元。面对这1亿元，你会不会出山？除了钱，这里面还蕴含着对自由、事业等的美好期望。

人才IPO，换个角度看，其实比传统投资更健康。假如一个人一辈子干20件事，传统投资一次只投其中一件，投到那个最能赚钱的项目的概率是非常低的。但如果你把20件事都投了，其实就是人才IPO。这种方式相当于投资了一个平均概率，符合大数法则。

人才IPO的目标群体

哪些行业的人才适合人才IPO？实际上，各行各业的专业性人才都适合，如医生、运动员、歌手、教授、厨师、画家等。

例如，你很看好一个年轻画家，觉得他很有前途。这时可找到100个人，每人出10万元，给这个画家1 000万元。对于一个年轻画家来说，一下有了1 000万元，就不会着急赚钱谋生，而是慢慢潜心绘画，会发展得更健康。同时，这100个股东也会惦记他、督促他。假如这个人最终没有带来预期的财务回报，那至少可以给每个股东画几幅画。这种专业性技能人才是容易变现的。

厨师也一样。现在顶级厨师年薪100多万元，一般人会觉得很高，但通过人才IPO的方式，顶级厨师很容易被挖出来。找20个企业家每人出10万元，给他200万元。回报方式很简单，每年给几个企业家做几顿饭就可以了，相当于企业家的私人厨师。更重要的是，这位厨师有了选择权。他可以选择自己认可的企业家，所以会很开心。而工作轻松也可以让他有更多时间研发菜品。

人才IPO首先会对两个行业带来深刻的变革。

一是教育。大家对教育都有很多诟病，但通过人才IPO，改变中国教育并非难事。

例如，我们正在全国找100个教授，给每个教授无条件众筹两三千万元。大家都说现在的知识分子"没骨气"。实际情况是，这些教授一旦"有骨气"，很可能工资不涨了，房子不分了，职位也不提了。但是，教授一旦有了两三千万元会是什么结果呢？他就没有后顾之忧了，可以挺直腰杆说话，可以做自己喜欢做的事。校长、书记要想留住教授唯一的办法就是尊重教授，话语权就会从学校行政人员身上转移到教授身上。当一群被"IPO"的教授聚在一起时，完全可以自己办一所大学。当这些人有了新的出路，就打破了现有的格局，很多问题自然迎刃而解。

二是医疗。现在医疗领域的问题非常多，通过人才IPO，能深刻变革医疗行业。

一家医院的品牌和口碑靠的是很多有实力的医生。但实际上医生地位并不高，地位高的是院长。通过众筹方式，把各个医疗细分领域最具实力的医生"IPO"，给每人筹资 3 000 万元，他们一定愿意离开原来的医院。第一，这笔钱可能相当于他们几十年的收入；第二，这种方式对医生没有过多的压力和过分的要求。

这些医生出来干什么呢？如果你是口腔医生，那就办一家专科口腔医院。未来的医生如果需要做手术，可能直接租用医院的手术室就行了。这种方式对医生来说非常具有诱惑力，所有好医生都愿意被"IPO"。

人才IPO革命性的社会价值

首先，人才 IPO 能够形成超越传统血缘关系的利益共同体，给予年轻人更多的发展机会。

中国人缺乏契约精神，更多依托血缘和亲疏关系形成信任。这对没有资源背景的年轻人来说，发展就受到很大限制。生在一个普通家庭，发展就比较难；如果家里有钱有权，发展就比较容易。人才 IPO，能够让没有资源和背景的年轻人也能靠自己的能力发展得很好。这种方式，可以说是雪中送炭，因为人才崭露头角，还没有获得普遍认可；也可以说是锦上添花，因为他们确实非常优异。

其次，通过人才 IPO，能够让真正干活的专业人才重新掌握话语权。社会为什么会出这么多问题，根本原因是话语权出了问题。有钱有权的人有话语权却不干活，真正干活的人却没有话语权，导致很多事情不对路。当医生、老师、画家等专业人才都能纯粹做自己喜欢做的事的时候，社会自然就会变得更健康了。

再次，人才 IPO 能够把闲置的人力资源充分利用起来，大大减少人才浪费。

一谈到浪费，大家自然想到的是食物、水等资源的浪费。实际上，

这个社会最大的浪费是人才的浪费。主要体现在两类人:

一是大学生。中国每年在校大学生 3 000 多万,他们不知道该干些什么,于是天天玩,打游戏。其实他们非常想做点事情,但是接触社会的成本非常高,缺乏机会和途径。

二是专业人才。专业人才很有价值,但是整个社会的运行机制让大家没有安全感,于是很多人选择进入体制内或大公司。像腾讯、阿里巴巴这样的大公司,有才能的人进去后未必能充分发挥自身的能量和价值。把人才解放出来,让人才流动起来,就打破了许多限制,增强了社会活力,大大减少了人才的闲置和浪费,具有极其巨大的社会价值。

最后,通过人才 IPO 的方式很容易把大公司的人才挖出来。像阿里巴巴、腾讯这样的公司规模非常大,创业早期的管理者利益巨大,归属感强,而后来的高管利益没那么大,归属感也没那么强。假如一个高管年薪 300 万元,通过人才 IPO 一次性给他 20 年的收益,也就是 6 000 万元,基本上都愿意离开原公司。

这笔钱的支付,背后有一套支撑的逻辑。这 6 000 万元,50% 打进个人账号,自由支配,让人才没有后顾之忧;另外 50% 必须用于创业和投资。对于从大公司出来创业的人才来说,用 3 000 万元去撬动 1 亿元的资金是非常容易的,而 1 亿元资金在他公司也就是占 20% 的股份,公司估值马上就四五亿元了。

这种挖人方式没有道德上的压力,因为原来的公司给他的太少,而通过人才 IPO,不但给的钱很多,还帮他配置了资源。给这笔钱的目的,是让人才有安全感,能够听从自己的内心做出选择,做自己喜欢的事情,真正实现人的价值最大化。这会带来什么结果呢?至少,大公司会想方设法给员工加钱。

创业谁最靠谱?大公司核心员工出来创业,才是真正靠谱的。我们现在要做的事情,就是让大家觉得投人比投项目靠谱。只要你相信投人比投项目靠谱,你自然就开始投人了,这个社会的核心人才就激活了。

人才IPO操作原理：以杨勇为例

人才 IPO 第一单就是做我自己。我给自己估值 5 亿元，拿出 20% 来做众筹，募集 1 亿元的资金。这种方式与传统募资的区别在于，传统投资是给公司的，而这 1 亿元是给个人的。除了钱之外，更为重要的是几十位股东给我带来的价值，他们是各个领域的领军人物。例如，未来品牌对我很重要，我会选一个在品牌方面很有实力的人成为我的股东；未来招人对我来说也很重要，我会找一个资深的 HR（人力资源）或有猎头背景的人成为我的股东。通过这种方式，选出 40 个跟我互补性很强的股东，我未来的发展就会变得更为顺利。

人才 IPO 对投资人有什么好处呢？

第一，低成本锁定人才。早期创业不确定性很大，天使投资失败率非常高。但是投人就不一样，投 100 万元给一家公司是一笔小钱，但是投 100 万元给个人是一笔大钱。通过这种方式，能够低成本锁定很多优质人才。当一个年轻人还没出人头地时，有人愿意投给他 100 万元，他会把这位投资人当贵人感谢。

第二，轻松玩转企业生态布局。现今很多的企业都在讲生态布局，但没有几十亿元基本做不了生态布局，所以只有大企业才做得了。采用人才 IPO 方式，1 亿元也能做生态布局。1 亿元分给 100 个人，每个人 100 万元，足以完成你的布局。采用这种方式对你未来想做的行业进行低成本布局，可能 5 ～ 10 年后你就成了行业老大。

人才 IPO 具体怎么操作的呢？

首先，很多人认为，人是非常复杂的，所以人才 IPO 不好操作。实际上，如果换个角度看，你会发现人是非常简单的标的：

（1）你可能活到 100 岁，但真正创造重大价值的时间就那么一二十年。

（2）你一辈子可能干二三十件事，但真正让你发大财的项目可能就那么一两个。

（3）你的能力可能有很多，但真正让你发大财的主要能力，可能就那么一两种。

通过这三条分析，马上就能把人简化成一个非常简单的标的。

其次，大家为什么要投我？我赚 1 万元，大家可以分 2 000 元，投资人的诉求显然不是这样。他们希望的是不要错过发大财的机会。

我们设立了一个 5% 的标准。假如我拿了 1 亿元现金，那 5% 就是 500 万元，单项收入超过 500 万元的需要申报收入。比如，我讲一堂课赚 50 万元，这是不需要申报收入的，但是假如一年讲课赚了 600 万元，就需要给股东分钱。你会发现，人一年中单项收入超过 500 万元的就那么几项。

另外，要强调给被投人足够的自由度。

人才 IPO 可能有哪些风险呢？主要体现在如下四个方面：

（1）道德风险。如果一个人拿了人才 IPO 的钱之后跑掉或不作为，会给投资人带来巨大损失。如果是做熟人圈众筹，那么道德风险是比较好控制的。

（2）婚姻风险。比如一个人通过人才 IPO 拿到 1 亿元，第二天就和老婆离婚，被分走了 5 000 万元。这一点在法律上通过合同约定方式可以解决。

（3）债务风险。例如，用人才 IPO 的钱来还过去的债务。这一点在法律上也可解决。

（4）健康风险。前面三大风险法律上很好解决，其实最大的风险是健康风险。比如，遭遇意外或因其他原因无法正常工作。这就需要通过保险来解决。未来，我们会为所有"IPO"的人才买等额的保险，这样带来的副产品是诞生了一家伟大的保险公司。

专业人才的"IPO"是比较好操作的，至少能做到保本。假如你投资一个律师 20 万元，即使最后没赚到钱，也可以让他给你做价值 20 万元的法律专业的工作。只要是专业人才，他的价值都是容易计量的。

怎么保障股东的资金安全呢？

将50%的募集资金打进个人账号，完全由个人自由支配。另外50%必须打进公司账号，这实际上就形成约束了，至少就控制了50%资金的安全。

实际上，我挑选股东是非常严苛的，基本上选的都是各个领域最强的人。这样做的结果是：我未来的创业风险会大大降低，成功概率会大大提高，发展机会大大增加。因此，我的人才IPO完成后，身价马上会翻一番，从5亿元变成至少10亿元。因为已锁定了50%，即5 000万元资金在公司账户，这部分资金同样估值翻番即1亿元，保证了股东资金的安全性，回报更值得期待。

投资人怎么退出？

逻辑很简单，只要把人才IPO个人的股份变成公司的股份就可以了。例如，你在某公司占30%的股份，就把其中20%，即公司6%的股份，折算成你的投资人的回报就可以了，就转化成了传统的投资模式。

如何控制法律风险？

人才IPO采用熟人圈众筹方式发展股东，控制在200人以内，并且不承诺回报。本质上就是在个人的信用、杠杆、风险三者之间寻找平衡。当然，通过我个人人才IPO的推进，我们已经形成一套比较完善的法律文件，未来在此基础上会更进一步完善。

人才IPO的未来畅想

我们现在运作人才IPO，主要推动三件事：（1）申请全球第一家人才投行；（2）未来几年"IPO"数以百万计的优秀学生；（3）"IPO"各行各业数以百万计的顶级人才。

按照这个逻辑，人这一辈子，可以被"IPO"三次。

第一次，上大学时。这时需要三五十万元解决学费和生活费问题。通过这次"IPO"，你就可以获得经济独立，不需要依赖你的家庭了。

第二次，大学毕业后。这时需要100万～200万元，有了这个支撑，你就可以独立地按照你的理想去选择你的职业了。

第三次，个人发展得不错的时候。工作5～8年之后，你可能需要500万～1 000万元的资金，再"IPO"一次，为你的事业插上腾飞的翅膀。

通过这三个节点的"IPO"，年轻人的成长会更加轻松顺利。实际上，投资人的回报也是非常高的。

未来，我们将分三个部分开展人才IPO计划：

第一部分：大学生。我们希望，任何一个大学生，不管他有没有家庭背景，不管他家里经济状况如何，只要他能上大学，就让他能够不依赖于原有的家庭环境自己成长起来。这是人才IPO要做的最底层的工作。

第二部分：专业人才。把各个行业最顶层的人才都"IPO"了，让他们拿到一大笔钱。目的就是让他们能做自己喜欢做的事情，过自己想要的个性生活。这种人也是创业的主体。

第三部分：人才基金。针对上述两个阶层的中间阶层，我们会在每个领域做1亿元的人才基金，每年在这个领域投资100个人，谁冒头了就给他100万元，10年就是1 000个人。未来这个细分领域最牛的人一定是从这1 000个人里走出来的。而这1亿元，大佬们都愿意出，因为他们很清楚锁定人才的重要性。这就是我们未来的理想模式。

人才IPO、人才股票靠不靠谱，对比一下公司股票就知道了。现在炒股的人非常多，但是股票刚刚诞生的时候也没有几个人买。人才股票比公司股票的投资风险小很多，再加上有中国式众筹的操作方式，推动起来会比较顺利。

对于很多中产阶层人士来说，每年拿出来做投资的钱可能就是一二十万元，没法投特别牛的公司，但可以寻找更年轻、更便宜的标的，最后找到的就是学生。当每个人都按照年收入的固定比例去投人的时候，整个社会就会发生巨大变化：年轻人活得越来越轻松，当每个人都成长得非常轻松的时候，自然愿意更多地帮助别人。未来人才 IPO 可能是继地产、股票之后的第三种主流理财方式。

人才 IPO 不只是个人融资的过程，实质上也是以被"IPO"的人为中心构成的一家无边界的公司。例如，我被"IPO"之后，我的这些股东就成立一家新的公司，这家公司可能是中国接单能力最强的，因为我选的都是各个细分领域的领军人物。按传统的方式他们不可能结合在一起，只有人才 IPO 的方式才能将他们凝聚到一起，变成中国接单能力最强的 GP（普通合伙人）公司。利用这家公司，未来我们可以做很多事情。

随着社会的发展，规范和约束会越来越多，带来的结果是，很多天才型的人被抹杀了，因为他们不符合规范。很典型的就是中医师。很多中医师连学历都没有，很难进入正规的医疗体系，但实际上他们的医术真的很厉害。通过人才 IPO 的方式，能够真正体现这些人的价值，让他们生活得很好。这样，那些在常人眼中比较另类的人就有了适合自己的生存空间，这个社会的人才就真正实现了多元化。

大家都说现在是合伙人时代，有了人才 IPO 之后，合伙人时代的提法可能就过时了。未来会进入一个"新个体户"的时代，股份有限公司可能就没必要存在了。

当人才通过"IPO"变成自由人的时候，会出现什么情况呢？比如，几个人看到一个好项目，只需要成立一家项目公司就可以完成。每个人都是自由人，人才自由流动，每个人都在找对自己更有价值的地方，就像钱一样，哪有高回报就往哪跑。当未来人才都变成个体户的时候，每个人都有足够的自由，能找到自己有价值的地方去组合。所以，人才 IPO 带来的结果是会肢解现在的大公司，越大的公司被肢解得越快，因为越是大公司，牛人越多，当牛人都被解放出来，大公司就肢解了。

人才 IPO 还能有效解决中国的养老问题。35 岁左右时每年拿出几万块钱投资两个学生，退休时基本上能投 50 个人，将来这 50 个人分给你的钱就足够你养老了，关键是他们还可能像亲人一样让你度过一个幸福的晚年。同时，这种方式能够使投资人把自己的经验、人脉传承给年轻人。

人才 IPO 与城市定位相结合，将对城市发展产生巨大的推动作用。例如，一座城市如果定位以创意设计为特色，那么可以通过人才 IPO 的方式把全球创意顶尖人才都聚集过来，这将迅速凸显城市的特色和优势。

人才 IPO 如果成为国家战略，可以把全球的顶级人才笼络到中国。例如，把美国、韩国各领域最牛的 100 人都通过人才 IPO 的方式解放出来。中国想走出去，想变得更加富强，聚集人才是一种捷径，而人才 IPO 是全新的事物，没那么多束缚，更容易操作和成功。

人才 IPO 真正能做到藏富于人。当中国慢慢把人才都解放出来，可以通过这种方式把国外各个领域顶级的 100 个人"买"进来。真正有意义的事，就是以这种方式引进人才，把银行的钱放到真正有价值的人手中，国家一定会变得更有活力！

延伸阅读 ————————

代表性众筹项目操作示例

在杨勇的指导和推动下，采用 1898 咖啡馆众筹模式运作的众筹项目非常多，在这里，我们列举了正在推进的 10 个有代表性的项目，并对其操作方式做了一下解读。欢迎在某一方面有资源、感兴趣的朋友参与进来共同推动，打造细分领域的 No.1（第一）。

1. 众筹海归咖啡馆

众筹海归咖啡馆的 200 位股东名额是非常稀缺的，所以特别有吸引力。首先，要覆盖全世界前 100 名的大学，排名靠前的，如哈佛大学可以多给几个名额，排名靠后的，一个学校只有一个名额；其次，要覆盖全世界所有主流国家，或者留学生比较多的国家；再次，还要尽可能覆盖各个行业。这样一个股东群体是极有价值的，只要人员筛选搭配得当，大家一定会争相参与。

2. 众筹单身男女咖啡馆

北上广深一线城市，许多精英人士不好找对象，众筹单身咖啡馆能

117

完美地解决这个问题。我们设计的机制很有意思：200位单身、有找对象需求的出资人（100位男性、100位女性），男性股东由5位资深女士去面试挑选，女性股东由5位资深男士去面试挑选，目的就是经过面试把关，选那些比较容易找到对象的。所以，第一轮就筛选出100位靠谱的男性股东和100位靠谱的女性股东，当这些出资人在一起见面聚会的时候，可能其中一半人的婚姻大事在200位股东内部就解决了。

单身的人周边都有一些优秀的异性，找不到对象是因为觉得不适合自己。所以，第二轮规则就是，每位股东必须推荐10位优秀异性到咖啡馆数据库，意味着每位股东在这里都能见到1 000位异性，而且都是其他股东推荐背书、知根知底的。

如果两轮还不行，还有第三轮机制：把每天来到咖啡馆里的单身男女都拍下照片，发给异性股东，让他们把看上的人交给秘书处，秘书处做尽职调查，如果靠谱就帮股东对接，基本上让你在咖啡馆一年能看1万位比较靠谱的单身异性。

3. 众筹明星咖啡馆

现在社会造星速度非常快，明星要成为"常青树"是非常难的，忠实粉丝和明星的互动也缺乏好的方式。通过众筹方式为明星做他自己的品牌咖啡馆将是非常好的选择。选200位股东，每人50万元，众筹1亿元，股东涵盖了明星自己生态链上的合作伙伴，如经纪人、影视公司、广告公司、公关公司、代言的厂商、忠实粉丝等。通过这种方式把利益相关方更深入地集合绑定在一起。咖啡馆会定期举办粉丝见面会、信息发布会等一系列活动，也能更好地实现利益相关方的互动，帮助明星的事业发展得更好更长久。

4. 众筹CBD（中央商务区）投资并购咖啡馆

投资并购是最容易产生经济效益的，现在投资并购机会非常多，有时候一个信息就可能挣很多钱。投资并购咖啡馆面向上市公司老板、大并购基金等群体，筛选200位股东，每人出资50万元，要求每位股东每个月必须推荐一个项目，这就意味着这里一年会有2 000多个项目。出于面子，股东们不会推荐特别差的项目，总体上项目质量会高于平均水平。通过这种方式，只要你有一个项目并购成功，50万元就赚回去了。

5. 众筹"一带一路"咖啡馆

国家"一带一路"战略为中国企业走出去提供了很好的机遇，但企业家海外发展有着天然的不确定性，人生地不熟，做生意的风险比较大。如何解决这一问题？我们在海外沿着"一带一路"做一两百家众筹咖啡馆，每家咖啡馆200位股东，每位股东出资100万元。咖啡馆会搜集、考察当地商业机会并定期提供给股东，为想投资的股东介绍当地靠谱的合作伙伴，平时相当于股东们驻当地的办事处。在任何一个国家出资参与众筹咖啡馆，都可以共享其他国家众筹咖啡馆的信息。中国企业家在海外天然有抱团发展的需求。沿着"一带一路"设立一两百家咖啡馆，就有两三万股东，每个人基本上都有几千万元的投资能力，于是就形成了几千亿元的投资平台。这样的平台既可以成为企业自身产品走出去的海外通道，也会成为海外投资中国的重要通道。

6. 众筹水立方体育咖啡馆

利用冬奥会契机，在水立方最好的位置租下近2 000平方米，众筹200位股东和1亿元资金，做中国第一家体育主题众筹咖啡馆。水立方体育咖啡馆能够把体育产业相关资源整合起来，成为国内体育产业发展的枢纽，以及中国与海外体育产业对接的桥梁。咖啡馆股东要覆盖体育产业各个细分领域，第一批股东以体育行业人士为主，之后延伸到体育相关行业，大家共同探讨体育产业未来发展机会。水立方是中国体育界的地标性建筑，当年就是华侨通过众筹方式融资修建的，在这里众筹一个体育咖啡馆将有着特殊意义，同时可以给股东提供很多增值服务。

7. 众筹女性咖啡馆

面向女性创业者、女性企业家或者女性高管，招募200位股东，做一家以商业世界中的女性为主题的众筹咖啡馆。与男性相比，女性有许多特殊性，在职场中既有劣势，也有许多独特的优势，有亲和力和强大消费能力，所以女性咖啡馆潜藏着大量的商机。众筹女性咖啡馆，能够把各个领域出色女性聚集在一起，共同探讨女性的事业与生活，挖掘商机，让女性创业更容易成功，事业能够更好地发展，家庭更加幸福。

8. 众筹商会咖啡馆

商会有着非常巨大的资源价值，却难以整合，众筹商会咖啡馆就能实现这一点，成为中国商会资源的集散地。众筹商会咖啡馆的牵头人都是做了10多年商会的人，非常了解商会的运作、价值和瓶颈，和很多省级商会都很熟悉。商会咖啡馆200位股东，准备从100～150个优质商会中选择，特别好的商会2个名额，其他商会就1个名额。每年预计500场活动，能够把各个商会优质资源吸引在一起，成为一个全国商会跨界合作众筹平台，带动全国各省商会互动。这里面有巨大商机。商会咖啡馆如果做成，赚钱的机会非常多，如项目对接、做基金、投资，有利于企业家"走出去"进行海外资产配置。北京的商会咖啡馆一旦开业，上海、深圳和广州的商会咖啡馆可以同步启动。

9. 众筹品牌汽车体验馆

假如我们给奔驰众筹一个品牌体验馆，200位认同奔驰的车主，每人出50万元，众筹1亿元。股东的回报是超值的，除了等额返卡之外，由于奔驰并没有投资品牌馆，所以要求奔驰给每位股东50万元的大礼包（如维修、买车折扣等），而品牌馆的设计可以由奔驰负责。品牌馆要求每位股东每年在这里办一场活动，一年就有两三百场活动，这些高端活动吸引的都是奔驰的目标客户群体，既拉动了奔驰销售，又推广了奔驰的品牌。例如开奔驰的人的朋友很多是开宝马或类似的车，当他开宝马的朋友来奔驰店参加活动，就很容易变成奔驰的客户，所以"宝马"也需要众筹一个品牌体验馆，这样其他汽车品牌也都要众筹体验馆。

10. 众筹F1赛车队

如果说要买一个 F1 赛车队，大家一定会觉得那是极少数"大佬"才能做的事，离我们特别遥远。但如果采用众筹模式，很多"小佬"就可以玩赛车了。选 200 位股东，每人出 500 万元，众筹 10 亿元去买一个 F1 赛车队。如果是传统方式，出资 10 亿元买一个赛车队是一个特别慎重的决策。通过众筹，很多老板就愿意参与。首先，只要在他们名片上印上——××F1 赛车队联合创始人，他们就觉得非常值，相当于花500 万元买了一张 10 亿元门票。其次，股东可享受F1 赛车队的广告价值。再次，股东享有各省或区域的优先开发权。如果众筹买赛车队运作成功，还可以用同样的模式买 NBA（美国男子职业篮球联盟）球队、国外足球队，把顶级的赛事都买一轮，就会产生赛事之间的协同效应，这会颠覆整个行业的游戏规则。

第四章

操作法门：
中国式众筹的实战手册

"世事洞明皆学问，人情练达即文章"，众筹实战，是对
人性的再认识，是人生一种正能量修行。

众筹开始前，发起人会有很多困惑：自己的利益与群体
利益如何平衡，200人怎么找、怎么管，先收钱还是后收
钱？一不留神，这些都会给项目带来困难。如何使众筹成
为幸福的婚姻而不只是一场盛大的婚礼呢？

做好众筹需要八颗心

诚心（很缺，很多项目就是变着法子销售）。

热心（一般都有）。

耐心（很缺，都太急，得慢一点儿）。

开心（众筹就得玩着把事情做了，图的是开心）。

放心（对运营人要放权，少干涉）。

信心（其间遇到问题很正常，要有信心）。

宽心（众筹之后，一起过日子，矛盾少不了，需要彼此宽容）。

舒心（项目如果失败了，钱亏完了，别和自己过不去）。

众筹十一个常见问题

1. 核心发起人的利益与众筹项目的利益如何平衡？

先"大家"后"小家"，没有给大家带来利益大家就不会参与。要"阳谋"不要"阴谋"，钱赚在明处。

2.200 位股东兼发起人怎么管理？

执委会负责制与专业团队管理结合，发起人不参与具体业务。

3.200 位股东怎么找？

先找核心，形成共识，逐渐扩大。另外，把自己的事变成大家的事，大家一起找。

4. 股东兼发起人是找活跃的，还是内向的？

想不到吧？内向的忠诚度最高，太活跃的不一定好。

5. 股东到底会出多大力？

一定要假设股东不太会出力，或者只能顺便出力，这就够了。

6.先找人，还是先找场地？

没有固定的先后顺序，可以双管齐下。寻找合适的场地、统一思想都需要时间成本，找场地也需要大家集思广益。

7.众筹项目的进程多长时间为宜，先慢后快，还是先快后慢？

一定不要急，要用充分的时间养一个项目。原则上先慢后快，允许中间有反复，条件具备可适当加快。

8.收钱的学问，收多少合适？

总原则是，要足够多，接下来，看具体项目，对于个人来说，要做到"不痛不痒"。

9.收钱的节点，是先收还是后收？

不急于收钱，要给大家反复的过程，最后时机成熟了则迅速搞定。

10.如何思考和打造众筹项目的底线，建立失败防火墙？

如果想不到底线就别做这个项目。

11.股东间有矛盾怎么办？

矛盾像盐，不能多，也不能少，要有敢于直言的股东，不积累矛盾。

十大要领：化繁为简的操作流程

想清楚三五年后在一起是什么样子——"众筹需要的是一个幸福的婚姻，而不是盛大的婚礼"。

在大量众筹案例实操经验基础上，我们梳理、提炼和总结了中国式众筹全流程操作的十大要领，包括：项目定位、项目选址、模式设计、股东甄选、组织架构、签约入资、圈子激活、预期管理、持续经营、项目退出。对于任何众筹项目来说，这十大要领都具有很强的适用性和操作性。

要领一：项目定位

1. 一句话说清楚大家为什么凑在一起

做众筹，首先要想清楚：大家是为了什么凑在一起？三五年之后是什么样子？

中国式众筹作为一个新生事物，很多人对它充满期待和好奇，但却缺乏了解，容易头脑发热、一拥而上。好的众筹项目一定有一个长期的、明确的主题定位，一句话就能说清楚项目解决的基本痛点，说清楚大家在一起干什么。千万不要把众筹变成凑热闹，没有长期且共同的目标，这样的一伙人是没有未来的。因此，核心发起人要多想一想：未来三五年大家还能否在一起？众筹能够给大家带来哪些改变？

中国式众筹要凝聚一批能够为项目发展提供资源和帮助的人，只有定位清晰，才能精准地找到符合项目发展需要的出资人。但是，一群精英聚在一起很容易头脑发热，自认为集体力量足够大，大家一起能做很多大事，被无限的"想象空间"迷惑，从而偏离了众筹项目的初衷和主题。这很容易导致众筹的失败。那些项目定位之外的"想象空间"是顺其自然的，不是众筹的主题，也不是大家参与众筹项目的初衷。

例如，1898咖啡馆定位于"北大校友创业之家"，它匹配了创业各个阶段所需要的资源。出资人基于对这个最基本的主题的认同感而参与进来，有相对明确的预期。在此基础上自然形成许多合作，获得许多超预期的成果，因此大家会觉得超值。

2. 基于项目定位做详细的资源盘点

围绕项目主题，详细梳理项目资源需求，为筛选股东提供依据。

中国式众筹的逻辑是把项目所需要的资源提前锁定为股东，这就需要基于项目定位做详细的资源盘点。

例如，1898咖啡馆是围绕"校友创业"主题打造一个资源平台和生态系统，这就需要凝聚创业各个阶段所需要的各类资源，使创业者能够在这里找到自己所需要的资源。

佳美儿童口腔医院众筹项目，是根据佳美口腔未来发展方向来发现资源需求，重点匹配了医疗、金融、保险、投行、法律、互联网等领域的资深人士作为股东。

对花色优品来说，创意设计能力是其强项，但市场营销和互联网运营等方面相对薄弱，因此在筛选股东时重点匹配了互联网营销、品牌传播、金融、大客户渠道等方面有经验和资源的股东。

3. 挖掘项目亮点，力争做成细分领域No.1

众筹项目要做到有亮点、能出彩，努力打造成细分领域的 No.1；要让股东有荣誉感，可以出去炫耀——"我是某某（众筹项目）的股东"。

做到某方面的 No.1 并不是一件难以想象的事，关键是要深挖特色、坚持创新。我们操作的项目可以说各有特色，都在某些方面称得上 No.1。

1898 咖啡馆开中国式众筹之先河，作为全国第一家校友创业主题众筹咖啡馆，首创了中国式众筹完整的方法论和实操体系，并源源不断地将这一模式对外输出，成为中国式众筹的策源地。

金融客咖啡位于金融街一座四合院内，预计总筹资额超过 1 亿元，其效果非常震撼，已经成为整个金融街的地标性场所；目前是金融圈融资额最大、最有影响力的众筹咖啡馆。

佳美儿童口腔医院是全国第一家儿童口腔医院，并且得到北京市相关部门授权，正式挂牌为"北京儿童口腔防治医院"，目前是最经典、最有影响力的股权众筹标杆案例，成为国内外商学院和基金公司争相研究学习的对象。

花色优品创始人万格格是湖畔大学第一期学员，而且是第一期 36 名学员中唯一没有拿过投资的企业家，花色优品股权众筹的最大特色在于：率先尝试用中国式众筹方式迅速提升企业估值，帮助企业实现跨越式发展，颠覆传统 VC 融资方式。

要领二：项目选址

众筹项目选址要根据定位坚持就近原则，重点考虑一流地段的三流位置。

选址是很难但很关键的一个问题，它涉及的方面很多，不仅与成本密切相关，甚至关系到项目的成败。

选址要注意充分发挥众筹股东的资源优势，群策群力，这样选择余地更大，同时股东介绍的场地资源一般都会有更优惠的条件，这些最终都转化为运营上的优势。

要根据项目的财务预算来控制租金成本，租金太贵会造成巨大的财务压力，影响项目的可持续性。

做众筹咖啡馆，一般不必选临街门面房。作为一个半开放式的圈子社交平台，临街、客流太大可能会降低股东的舒适度和满意度。

同时，还要重点考虑交通便利（如靠近地铁站）和停车方便。

在选址方面，1898 咖啡馆就很有代表性。1898 咖啡馆定位于"北大校友创业之家"，一定要在北大附近才能发挥凝聚校友的作用。咖啡馆选址于北大东门对面中关新园 9 号楼 1 层，租金优惠，正好是一流地段的三流位置，同时靠近地铁站，旁边还有一个很大的停车场。

金融客咖啡定位于金融圈高端社交平台，因此地址选在金融街是最优选择，最后落地在丁章胡同的四合院，既符合金融客咖啡定位，也符合股东预期，同时又能够汇聚精英人气，把这个平台的优势放大。四合院租金是比较高，但因为金融客咖啡入资额也相对较高，加上利用金融界发起人的业务优势，所以仍然可以实现可持续运营。

有些众筹项目存在选址问题，有些不存在选址问题，这与项目定位和基础条件密切相关，不能一概而论。例如，佳美儿童口腔医院项目，本身就是充分利用了佳美口腔原有的场地，不需要重新选址。

要领三：模式设计

1. 明确众筹类型和具体操作模式

你的众筹项目是要打造新型社会组织和社交平台（不以财务回报为第一目标），还是股权众筹（以财务回报为首要目标）？

不同的众筹类别，关系到操作模式、股东选择、回报机制等一系列问题，应结合项目自身的定位和特征，在项目前期尽早明确。

圈子社交型的"咖啡众筹"，如 1898 咖啡馆、金融客咖啡等，聚焦在高品质、强合作的资源人脉圈子，是不以咖啡馆经营利润作为股东财务回报目标的。作为一个社交平台，股份均等、参与感强、交易机会多、成本低，效果才最好。这种模式最适合对传统的 NGO 组织进行改造。

中国式的股权众筹，一方面特别适用于能够为出资人提供有吸引力的财务回报的项目，另一方面它强调出资者与项目优势互补。例如佳美儿童口腔医院项目，口腔医疗服务的毛利本来就很高，而且佳美口腔有上市的计划，利用众筹能够进一步降低风险，加快扩张速度；佳美口腔与花色优品的股权众筹，在出资人内部采用均等出资、股权相同的方式同样会形成一个有价值的人脉圈子。

2. 项目前期重在统一价值观，"没方案"，磨出理想的样子

众筹初期问题多、不确定性大、需要的磨合时间长，一般不出书面方案。

联想有句话：撒上一层土，夯实了；再撒上一层土，再夯实了；然后，撒丫子跑。这拿来概括众筹的培育过程非常贴切。首先，要建设一个核心团队，经过几轮的沟通，对于众筹的认识到位并形成彼此间共识，然后扩大核心人数，再沟通，再形成共识，然后进入快速发展阶段。

为什么"没方案"呢，因为再完美的方案也会有漏洞，有了书面方案就等于树立了靶子，落到纸上的东西会变成束缚，大家都聚焦于挑毛

病，反而会忽略推动项目本身，降低了效率。

这一阶段适时建立微信群便于透明沟通，通过提出一些粗略想法让目标股东参与互动研讨，达成基本共识，形成价值观认同，在此基础上自然会逐渐细化。集中智慧完善细节的过程就是自我教育和项目营销的过程，同时也是筛选股东和挖掘股东资源的过程。

3. 通过超值回报吸引有资源的投资人

提供超值回报"大礼包"才能充分吸引有资源的出资人参与。

中国式众筹的核心关注点在筹资之外——能凝聚多少对项目有帮助的资源和人脉，拿出超值回报"大礼包"，出资人才会愿意为项目多做贡献。

回报大礼包，一般从两个方向考虑：一是股权收益，主要体现在股权分红、融资上市收益等方面；二是项目自身生产的产品或提供的服务，采用低价或免费的方式提供给股东作为回报。

1898咖啡馆这类社交平台众筹，并没有设定股权收益的分配预期。咖啡馆本身是很难赚钱的，如果作为一个以财务回报为目的的项目，股东们不会去参与投资一家普通咖啡馆。大家参与的目的是共同打造一个有价值的社交平台，基本回报在于：等额返卡、股份均等、3年不倒闭，超值回报在于这个社交平台所带动的资源人脉以及释放的合作空间。

佳美儿童口腔医院这类股权众筹，首先要明确的就是股东未来的财务回报，包括逐年分红、融资或上市可能带来的超额回报等。同时，还要基于自身业务，为股东提供优惠政策和营销奖励计划等。佳美项目除了给股东逐年分红外，未来还有上市概念。股东在整个佳美口腔体系中看牙，都会享受到最低折扣，介绍亲戚朋友看牙也享受折扣优惠。同时，股东介绍的客户或带动的营业额达到一定量后还会有额外的营销奖励。

要领四：股东甄选

1. 找好牵头人及形成核心

项目牵头人对于众筹项目的成败至关重要。

牵头人需要付出更多的精力推动项目开展，不能以带头大哥自居，最好是与项目相关领域的、有一定威望的、愿意为大家做贡献的业内精英。

牵头人召集的第一批核心发起人（一般 5～10 人），应是牵头人认识 5 年以上的熟悉的朋友，强调不熟不做。第一批人的情况直接关系到众筹的成败，其中关键是他们的核心价值观要一致。第一批发起人通过几次小范围的讨论，形成一些基本共识和规则后，就可以采取推荐制分头发展股东了。

这个阶段的推进不要大张旗鼓，要悄悄进行，保持神秘感。项目前期不确定性大，私下接触潜在出资人，便于各个击破，即使不成功也不会有压力和负面影响。同时，悄悄进行也避免了许多人情因素，保证了项目健康发展，待前期规则确定后，按规则办事，人情压力就大大减小了。

2. 确定股东甄选的标准和维度

股东结构要尽可能多元化。

根据项目主题定位，从匹配资源和打造生态圈的角度，提炼出选择股东的具体标准和维度，如行业、学校、专业、经验、人脉、知名度、职务、年龄、地域等，目的是找到合适的人，提前锁定项目未来发展所需要的资源。

股东中，要由在业内有影响力的大佬来举大旗，这样会吸引其他有实力的股东跟进，对项目品牌的宣传也很有帮助；也要有能提供专业智慧和人脉资源的中坚力量，这部分人大概占 70%～80%，他们能为圈子贡献活力；还要有少量年轻优秀、执行力强、能操作落地多干活的"80后"甚至"90后"年轻股东。无论是大佬还是年轻人，大家身份都是平等的，都要从自己的优势出发为项目和股东圈子贡献力量。

选股东要严格、谨慎，目的是放大圈子价值、增大合作机会。那些可能索取多、贡献少的股东，例如年纪太小或者中介机构、咨询机构等方面的股东，人数一定要降到最低，否则会影响组织的良性运转。

为了围绕创业主题形成高效的资源平台和生态圈，1898咖啡馆从专业、行业、年龄、企业发展阶段等维度上对股东进行结构布局和优化。200个名额看似很多，但按照几个维度划分后发现名额已经变得非常稀缺。

从专业和行业上看，发起人基本覆盖了北大1977—2000级的所有学院、专业，涉及金融、移动互联、新能源、新媒体、教育、法律、高科技等诸多领域；以科技、文化产业为主，新能源、新媒体、环保节能等新兴行业与教育、医疗等传统行业适当搭配。

从年龄上看，八成左右发起人是"70后"。"70后"校友多处于事业上升期，大多已有所成就，但继续上升的动机非常强烈，因此积极寻求合作，带动了圈子活力。同时，也吸收成功的"50后"、"60后"企业家，如北大纵横创始人王璞、蓝色光标董事长赵文权、拉卡拉董事长孙陶然、佳美口腔董事长刘佳等。另外，也吸收特别优秀的"80后"、"90后"创业校友。

从创业阶段和资源上看，股东基本覆盖财务、法律、银行、投资等领域，能够最大限度地为处在各个创业阶段的校友提供所需资源。

从参与者特征看，主要聚焦以下人群：处于事业发展期，有实现更大发展的强烈动机；愿意分享，需要广交朋友拓展人脉圈子；乐意参与校友活动，希望与校友互动合作。尽量剔除事业发展处于非常稳定状态、缺乏进取心、只出钱不参与互动分享的人。

3. 功利法则：推荐制让前面的人决定后面的人

"选股东要功利"，即要找对项目最有价值的人。

通过微信群的讨论和线下说明会，形成执委会、监事会、秘书处，建立议事规则和工作组,然后甄选股东。发展股东的原则是"先入为主",就是要让前面的人决定后面的人,必须有前面股东的推荐才有申请股东的资格,是否能成为股东还要经过执委会投票表决;执委会代表整个股东共同体的利益,考察申请人对圈子的价值,决定是否准入。这种双向选择机制保证了进入圈子的都是优质资源,有互动合作价值,也从制度上最大限度地避免了人情因素的干扰。

选股东不能给钱就要。首先,要看你是不是符合项目定位的股东架构需求,不单是有钱有名有地位就可以;其次,你的推荐人是谁,背景如何,推荐人靠谱,你也差不到哪儿去;最后,也是很多人容易忽略的一点,200人一起做事,氛围特别重要。股东里有一两个特别令人不舒服的人,气氛一定非常糟糕,所以在选人时,特别找事儿的人一定不要。开玩笑的说法,找股东就要找好欺负、有度量的人。

要明确股东是一次募齐,还是分批招募,如分批则要逐批溢价,即相同股份的入资额度要按批次递增,以体现前期风险和贡献。例如,1898咖啡馆第一批3万元,第二批5万元,但股份均等,股东权力完全一样。

4. 众筹五步曲:通过层层推荐招募股东

把握好股东甄选的节奏,通过层层推荐背书发展靠谱的股东。

做众筹并不是由牵头人一个人去找一两百个人,而是通过层层发展的方式,我们概括为"众筹五步曲"。

第一步,牵头人找4个熟悉、靠谱、有共同价值观的朋友,作为共同发起人,变成5个人。

第二步,每个人再推荐3个人,股东规模变成20人。

第三步,每个人再推荐一两个人,变成50人;确定了50位发起人,预计筹资额基本能够覆盖前期场地租金、装修、人员等各项成本,前期磨合较充分,项目基本可考虑收钱启动。

第四步，每个人再推荐 1 个人，就变成 100 人。

第五步，每个人再推荐 1 个人，就变成了 200 人。

众筹目标完成！

采用内部人推荐的方式有很多好处。

首先，层层推荐使每个发起人都成为圈子中的一个网络节点，每一个参与者都有熟人背书，从而形成紧密的、容易互动合作的价值网。

其次，要推荐人加入就需要向对方说清楚这一模式，这本身就是自我思考、自我教育和说服他人的过程，使申请人真正理解和认同这一模式，这样参与进来的效果会更好。

再次，能够推荐有实力的人参与，在一定程度上证明了推荐人的实力、影响力和号召力，保证了圈子的品质，有利于众筹组织未来的健康发展。

需要注意的是，为达到多元化和力量平衡的效果，一般每位发起人推荐的人数不宜超过 10 人。

要领五：组织架构

1. 建立高效众筹组织架构，保证决策效率

根据股东人数、财务成本、法律规范等情况，确定众筹组织形式。

一般来说，股东不足 50 人可成立有限合伙公司；超过 50 人、不足 200 人可成立股份公司或通过其他法律许可的交易结构；为避免流程复杂及考虑到税收问题，在股东之间信任度高的情况下，也可考虑代持形式。如成立公司，须产生董事长、总经理、董事、监事、董秘等核心团队。如不成立公司，可同样设立类似上述的虚拟机构负责日常事务，提高决策效率。

要制定简明的议事规则，例如什么情况由执委会决定，什么情况在

股东群讨论等。例如，1898咖啡馆的日常重大事务都由执委会讨论决定。同时，为了发挥股东们参与互动和贡献价值的积极性，可以多设置一些专业委员会，如财务委员会、投资委员会、技术委员会、营销委员会等，要求所有股东根据自己的专长至少参加一个委员会。1898咖啡馆、佳美儿童口腔医院、花色优品等项目都是通过这种方式来增强股东的参与感，提升圈子活力的。

2. 独特双层架构满足不同层面核心诉求

众筹组织要设立专门服务股东的秘书处（如图4-1所示）。

与传统公司制相类似的是，众筹组织设置执委会、监事会和职业经理人团队。执委会由多位较有威望的股东兼职组成，是整个咖啡馆组织的最高权力机构。咖啡馆的日常经营管理和重大事务都由执委会做出决定。执委由股东选举产生，任期1至3年，可连任两届；需要付出必要的时间和精力，参与咖啡馆运营事务。监事会也由部分有威望的股东兼职组成，负责整个咖啡馆事务的监督管理。

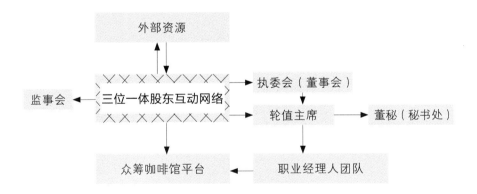

图4-1　1898咖啡馆组织模式示意图

专职的职业经理人团队专注于咖啡馆的经营管理，对执委会和轮值主席负责。咖啡馆经营并不是股东关注的核心，由执委会及其代表轮值主席对接职业经理人团队，并对职业经理人团队提出很高的要求，这跟任何咖啡馆的绩效要求是一样的。

与传统公司不同的是，我们操作的众筹组织单独设立了秘书处。秘书处由专职和兼职人员共同组成，其核心职能就是为股东服务，帮股东拉单子，促进股东之间的合作，协助股东开展活动，推动股东的事业发展。

1898咖啡馆众筹模式的核心是形成一个高效互动的有价值的圈子，这种组织架构设计，既保证了对股东核心诉求的满足，又能对职业经理人团队的经营业绩提出严格要求，从而形成健康可持续的运行机制。

要领六：签约入资

1. 入资前形成完善的法律文案和财务制度

做众筹，一定要注意法律和财务不要出问题，专业人士要尽早介入评估风险和可行性。

根据我们操作项目的经验，比较好的方式是在众筹出资人中匹配法律、财务或投行专家。例如，1898咖啡馆、佳美儿童口腔医院等项目中都有资深的律师参与，所有相关的法律文案都由律师股东组成工作组主动、免费提供服务。由于众筹涉及的人比较多，工作组考虑问题会非常详细和谨慎，法律文案全面细致，效果非常好。

众筹组织架构形成后，有投行、法律背景的股东形成合同起草小组，着力推进法律文案的谈判、协商与敲定。从更加规范的、避免隐患的角度讲，法律文案应包括：有限合伙公司注册的相关文件；众筹合伙人内部的众筹协议、组织机构建立、"董监高"（董事、监事、高级管理人员）人选确定等重大事项的集体决议，如有代持还需要代持协议。这些协议一般需要所有众筹合伙人共同签署。另外，还有众筹合伙公司或代持人与项目发起方之间的合作协议等。法律文案要尽量专业、规范、详尽。

2. 签约入资之前应消除所有潜在的问题

以收钱为节点，前期要慢慢磨合释放风险，收钱后要快速推进。

收钱和没收钱，大家的心态是不一样的。没收钱，怎么讨论大家都没有心理负担；收钱以后，发起人和项目操作团队就面临巨大的心理压力。因此，收钱之前要反复磨合消除风险，使这些准出资人在主要问题上都达成共识。

众筹项目股东比较多，财务上应更加规范。一般来说，执委最好不要参与具体经营，也不要经手钱。执委或董事可随时查账，过问经营问题。每年给股东一份报表，股东如对账目有异议，可委托执委查账。规范透明的财务可给大家明确的信心，避免内部分歧和不必要的摩擦。

3. 确定出资额的考量因素与技巧

做众筹咖啡馆，筹资总额要达到年运营成本的 5 倍以上，能保证 5 年内不会倒闭。储备资金多就能扛过风险最大的早期阶段。如果募资不多经营压力大，会影响项目可持续性和股东信心。

确定每位股东出资额多少是很有讲究的。对于企业家来说，如果你只收他二三万元，一点儿价值都没有，他白扔给你，基本上不会来的。定价低了，对他就没有任何黏性；定价高了，他才会天天惦记着咖啡馆是不是赚钱。所以，一般定价的标准是针对目标人群，找到他的平衡点。定价太低的众筹项目为什么做不起来呢？因为大家的兴趣点太多了，今天这个聊得特别嗨，明天听到其他好东西，兴趣马上转移了。如果他出了 30 万～ 50 万元的话就被"锁定"了，因为这笔钱扔掉他心里有点难受，兴趣就不会转移那么快，组织就更健康。

要领七：圈子激活

1. 制定大家愿意响应的游戏规则持续互动

敢于"折腾"大牌股东，通过游戏规则调动股东积极性，使他们持续投入时间和资源。

例如 1898 咖啡馆的股东值班制、金融客咖啡的"能量午餐"、佳美儿童口腔医院的"佳宴"聚会，有些项目还会成立各种专业委员会，都是为了调动大家手中的资源为项目做贡献，激发出资人的参与感、归属感和荣誉感。

股东投入时间越多，对项目和圈子就越有感情，项目的黏性就越强，对股东的价值也就越大。

例如，股东值班制要求每位股东每年要在咖啡馆值一天班，上午当服务员，下午约朋友聚会聊天，晚上办一场活动。让老板去端盘子做服务生，他们反而觉得很有意思，而且在这一天他们可以把平时联系少的老朋友聚到一起。同时，中国人爱面子，股东们之间也有攀比心理，谁值班当天的营业额高了，都会觉得很自豪，这样自然激发大家多为咖啡馆做贡献。

2. 通过利益机制引导股东持续做出贡献

鼓励股东做贡献，不能靠强制性要求，应该由利益机制来引导。

股东们都有自己的主业，平时比较忙，如果经常提强制性的要求，他们心里会不舒服。做众筹讲究的是，每个人贡献一滴水，集体的力量就汇成一片海洋。每一位股东依托自己的资源优势，顺手为群体做一点儿贡献，汇聚起来就是非常大的贡献，这样才能长期坚持下去。

要领八：预期管理

众筹项目预期管理，把握好 60 分—85 分—100 分三个层面。

众筹项目对股东的预期管理，对项目的成功非常重要。降低预期，并不意味着降低服务水平，而是创造良好的氛围，并有可能给股东带来超值回报。一个众筹项目，传递给股东的预期是 60 分，自我要求努力做到 85 分。对于咖啡馆和秘书处专职执行团队来说，要求就是 100 分。

60 分：1898 咖啡馆给股东的承诺就是很简单的三条：等额返卡、股份均等、3 年不倒闭。咖啡馆本身很难赚钱，因此并不承诺股东能够从咖啡馆经营收益上获取回报，只承诺 3 年不倒闭。3 年后即使咖啡馆关门了，股东卡上的钱也应该花完了，双方互不相欠，这就是 60 分底线。但实际上，实体咖啡馆大大增加了股东线下互动交流的机会，大家都获得了更多的好处。做众筹千万不能为了吸引投资，给出"吹牛"方案，允诺很难实现的条件。

85 分：如果 3 年以后咖啡馆还能活下去，股东们在这里还能交点朋友、挣点钱，那咖啡馆就达到了 85 分的目标。

100 分：如果三五年以后，咖啡馆还能赢利，大家从这个平台把自己投入的钱都赚回去了，那就达到了我们心目中 100 分的标准。对于咖啡馆和秘书处专职执行团队来说，要求也是 100 分。其中，核心就是为股东做好增值服务，提升咖啡馆附加值。

股东有了自己的场地，有了一个庞大的人脉资源圈，参与了许多有价值的活动，享受了管家式服务……都会觉得收获超过预期，心里感觉是越来越好的。如果一开始把话说满，最后很多做不到，那股东的感觉只会越来越差。

要领九：持续经营

项目运营期间建立稳定持续机制，定期向股东反馈项目信息，并寻求股东资源支持。

合同签署、资金到位之后，就进入合同约定的项目落地运营时期。要按照项目持续经营的长期机制要求，定期跟进项目进展，向股东通报和反馈信息，并定期进行会议沟通，增强股东信心。例如，1898 咖啡馆每年会给股东一个财务报告，执委可以随时查账，如果股东想查账可以委托一位执委来查。

同时，项目推进过程中遇到困难和问题，股东也要提供资源支持，形成类似外部董事会的机制，群策群力，帮助解决。佳美儿童口腔医院项目，股东们不仅直接介绍客户，还提供了许多批量采购的大客户资源，针对佳美口腔的发展需要，也提供了许多医院收购、投行、金融、保险等方面的资源。

要领十：项目退出

退出机制需要慎重考虑并明确约定。

设立退出机制，需要关注退出时间和回报安排，难点在于价值评估。投资周期是固定期限还是不固定期限，不同的时间节点退出该如何计算回报，都是需要考虑和协商的重要问题。

一般来说，入资后设置一个反悔期，比如 1898 咖啡馆规定 3 个月内反悔可无条件退款；花色优品给股东的反悔期是一年，一年内可按约定条件退出。佳美儿童口腔医院项目则详细约定了投资期内不同时间退出的相应回报折算方法，如一年时间退出如何回报，两年时间退出如何回报，融资或上市时退出如何回报等。

三大法宝，众筹必胜

磨合时间短、给钱就要、筹资额少是三大致命伤。

众筹项目要确保成功、做到长期持续经营，有三大关键"法宝"：

（1）时间足够长。

（2）选人足够严。

（3）筹钱足够多。

相反，磨合时间短收钱特别快，选人不严格只要给钱就可以加入，筹资额太少，是做众筹最容易犯的三大错误。

时间足够长

以入资签约为节点，众筹股东候选人前期相互磨合的时间要足够长。

如果把众筹过程分为入资之前和入资之后两个阶段，那么入资之前一般是一个相对较慢的过程。中国式众筹的核心是筹人，股东不仅要出钱，而且要出力，贡献他们的才能、智慧、资源和人脉。人与人之间的磨合是需要时间的，众筹涉及的人数比较多，为了保证众筹项目的健康发展，前期磨合的时间长一点，项目推进的过程慢一点都是非常正常的，这样有利于选出靠谱的出资人。

有了磨合的过程，大的风险和问题才会得到提前释放和排除。如果有了众筹的想法，马上就出一个详细方案，通过朋友圈等方式大肆宣传，可能钱很快就到位了，但是这种简单粗糙的操作方式很可能后患无穷，失败概率是非常高的。一个项目要想把几十人乃至一两百人凝聚在一起，并不是那么容易的，有许多不确定性和潜在风险，处理不好会产生很多矛盾，甚至导致项目的失败。

这个十月怀胎的过程，核心就是看人、选人：发现谁靠谱、谁不靠谱；哪些人"好伺候"，哪些人"不好伺候"；这些人有哪些与项目相匹配的资源。很多人问，一个众筹项目这么多人怎么管？事实上，找到靠谱的、"好伺候"的人，就不难管了。那种你服务得再好都会挑毛病的人，还是不要合作为好。

所以，做众筹要有慢慢磨的心态，磨成大家理想的样子。即使有足够多的人愿意交钱，也一定要慢慢养几个月，养的过程就是大家互相了解、排除风险、增强互信的过程。

选人足够严

我们一再强调，选人是众筹项目成功的关键，所以一定要严格。

不管是否聚焦财务回报，中国式众筹的一个核心功能都是形成主题人脉圈。给钱就要，会导致人员复杂，股东之间互动少，股东投入的情感和时间少，也就失去了圈子价值。

一个有价值的圈子，才是有吸引力、可持续发展的圈子。选股东要依据项目的主题定位，由前面的人决定后面的人，保证圈子的品质，使股东之间能够形成互信、合作共赢。我们操作的众筹项目中，许多股东在内部各种小圈子的交流合作中已获得了超值回报。

判断一个组织好不好，标准其实很简单，就是看参与者愿意拿出多少时间放在这里。参与者花在这个组织的时间越多，就说明这个组织越好。如果你选人足够严格，圈子的价值就会足够大。当大家觉得这是自己最有价值、最有收获的圈子的时候，就会把更多的时间和精力放在这个圈子里。你，就赢了。

虽然我们选择股东很严格、很功利，但项目运营都是非常开放的。例如，1898 咖啡馆、金融客咖啡的各种活动，除了少量具有私密性以外，都是对外开放的。

筹钱足够多

筹资额要足够多，目的是保证项目 5 年内的可持续运营。

能筹到巨额资金是中国式众筹的一大特色。1898 咖啡馆作为众筹新道路的探索者，有意识地控制了筹资额。即使如此，计划 200 名出资人，第一批 3 万元，第二批 5 万元的出资额，在当时的众筹咖啡馆中算是筹资金额很高的。

更有代表性的是复制 1898 咖啡馆众筹模式的金融客咖啡，第一批每人 30 万元，第二批每人 50 万元，可能会考虑第三批每人 100 万元，筹资总额将超过 1 亿元。目前，我们推动的不同主题的众筹咖啡馆，筹资额基本都在 3 000 万元以上。

创业为什么失败率高？一个重要原因就是钱不够多。储备的资金足够多，就是准备好犯错误、走弯路的钱，扛过风险最大的早期阶段。多出来的钱，可以委托给投资机构去理财，用收益平衡经营成本，保障项目的可持续性发展。

前期风险最大的时候经营一般也不会太好，如果筹钱太少，钱花完了很难让股东再交钱，这个时候再发展新股东就困难了，股东都怕是无底洞的投入。

大家参与众筹开始都很亢奋，觉得这么多牛人一起做事很容易成功。真正聚到一起开始运营，会发现要解决的问题很多，但账上的钱却越来越少。这时就容易出现很多矛盾，互相指责，不欢而散。

传统协会组织普遍面临经费不足问题。中国式众筹的组织模式，能筹到足够多的钱，能招到更好的人才为项目或股东服务，让股东感到物超所值，从而更有热情参与，项目就更健康、更可持续。

如果一个众筹项目符合上述三个条件，失败的可能性就大大降低了。相反，如果没有足够的磨合时间，挑选股东不严格，只要给钱就可以加入，或者筹集的钱不够多、场租特别贵，都可能导致众筹项目面临极大的失败风险。

许多众筹咖啡馆火爆不到一年时间，就频频陷入关门困境，主要原因就是在上述三个方面出了问题。例如，北京市由 66 个美女股东打造的众筹咖啡馆"Her Coffee"，由于股东们各忙各的事业，缺乏专业管理和执行团队而运转困难。东莞"很多人的咖啡馆"因无人经营管理而转让：这些表面原因的背后，其实都是磨合时间短、选人不够严格、筹资额少造成的。

三大回报：里子、圈子和面子

每做一个项目，花费精力最多的就是在回报机制的设计上。

很多人认为，中国式众筹模式只考虑做圈子而不考虑赚钱，其实这是一个很大的误解。

反过来想，人家为什么会给你几十万元参与众筹项目？难道就是为了一个圈子吗？谁都会为自己的钱负责，何况这钱并不是个小数目，大家参与的目的还是为了赚钱。当前这个阶段，参与众筹的大多还是精英群体，这些人是中国最聪明的一群人，让他们出一笔钱并不容易。想要吸引有资源、有能量的人参与，就要提供足够有吸引力的回报。同样，大家愿意出钱参与，一定是觉得在某些方面物有所值。

做众筹，赚钱当然非常重要，甚至是最重要的。但是，任何投资收益都是和风险挂钩的，到底能赚多少钱是没办法承诺的，有 500% 的回报，就一定要承担 500% 的风险。所以我们讲众筹时，通常很强调坏的一面，但这并不表示它没有好的一面。

传统投资的回报就是指资金回报，而众筹投资的回报是多元化的价值回报。

价值的回报不仅包括现金的回报，还包括关系的回报、情感的回报、心理满足感的回报……例如，许多人很在乎文化品位，可能会花几万块钱去看一场话剧，只为了坐在第一排或 VIP（贵宾）包厢里能够有最好的效果。你说这几万块钱值不值？虽然没有得到财务上的回报，但获得了心理上的满足和精神上的愉悦，这些都是回报，当然值。

按照传统的思维，我投了 100 万元，一年以后一定要变成 130 万元或者更多才好。现在许多观念发生了变化，事情做完以后，即使一分钱都没赚到，但做得很开心，也是一种回报。

创业或做项目的变数很多，不确定性很大，很多美好的逻辑在现实中是很脆弱的，你很难控制，所以干脆就不去控制它们，而是多去创新、开发一些新的东西。

做众筹，不能光听嘴上讲得好不好，关键是要看效果。你有没有议价能力？别人愿不愿意跟你合作？愿不愿意给你一个很好的条件？

归纳起来，做众筹的收获有三个方面：里子（实惠）、圈子、面子。

（1）里子就是实实在在的财务回报。我们做众筹经常讲圈子和面子，实际上我们是很重视实惠的。我们每做一个项目，花费精力最多的就是在回报机制的设计上。

中国人投资有个很大的特点，都不愿意亏钱，都希望保本，所以我们设计的众筹方式都是符合中国人特点的。

我们做的咖啡馆，等额返卡，这就意味着你不亏钱。有了实惠，交钱参与就不是障碍。但是，这并不是投资人给钱的理由，他可能是因为圈子、面子来的，但如果没有实惠他也不会给你钱。

（2）圈子就是跟谁一起玩。中国人做事很在乎跟谁一起玩。我们做众筹，每个项目都会"养"很长时间，就是因为合适的牵头人很难找。按照我们自身的操作能力，一个项目只要找对两个人，就能延伸出 200 人。但是，找两个合适的人其实非常难，有很大的不确定性。

（3）面子就是能够出去炫耀的荣誉感。中国人做事都非常在乎面子。

如果参与一件事能够让一个人觉得非常有面子，很有荣誉感，这个人就不太会计较投入多少钱，甚至不关心这些钱是否有财务回报。因为有面子本身就是一种回报，就让他觉得很值。

圈子和面子都是附加值，所以，如果实惠是有限的，那么就想办法把圈子和面子的价值放大，这就是我们做众筹的一个逻辑。

十八心法：众筹的内功修炼

对人性越清醒，对众筹越乐观。

1. 要认识到：众筹是一件非常难的事

很多人看到众筹项目金额都很大就觉得做众筹很简单。其实，这些项目都已经熬了半年甚至一年，核心成员有的已经熬了一辈子，这背后的许多积累是外人看不到的。

创业很难，但众筹改变了原有的创业模式、链条和关系，使创业风险变小、成功率变高，但其中的风险不会无缘无故地消失，出口就是众筹。所以，众筹实际上是花很多时间把创业的很多环节提前做了。

众筹通过改变创业逻辑来降低创业风险，而如果只是募资，不但不会降低创业风险，而且还会增加风险。向一个人募资 1 000 万元，和向 100 个人募资 1 000 万元，哪个风险更大？显然是后者风险大、沟通成本高。如果 100 个人选对了，每个人都很有价值；如果没选好，给钱就要，可能就是悲剧。所以，做众筹并不容易，当你有这种意识的时候，第一，你会很谨慎，第二，你不会着急。

2. 不要只想好处，要多想想坏处

首先要考虑清楚：众筹项目失败了，你输不输得起？除了财务成本和时间成本，更重要的是你把重要的关系、人脉都得罪了，可能一辈子抬不起头来。很多人给你钱的时候无所谓，等你真亏了，吃了你的心都有，这些关系你能不能处理好？这其实是众筹最大的难点。

所以，做众筹一定要非常谨慎，把结果和问题都想明白再去做，一定要对得起每个人，千万不要觉得别人的钱很好拿，那样迟早会付出巨大的代价。

3. 要厚道，先舍后得，别太精明

做众筹要厚道一点。别人愿不愿意跟你合作，首先看你有没有诚意。什么叫有诚意？就是你要愿意吃亏，愿意让别人占便宜。换个角度讲，别人凭什么先把钱给你？就是因为你吃亏了并不计较，大家觉得你挺厚道的。

特别精明的人做不好众筹。很多人刚开始做众筹时特别兴奋，马上就能找到一二十个愿意给钱的人，但再往后就很难了，因为他们的信誉有限，能不能吸引人最终还是看他们的方案和回报。要记住：别人给你钱，回报永远是第一位的，只不过这个回报有的是看得见的，有的是看不见的。

所以，做众筹要大方一点，要先舍后得，这样才能吃小亏占大便宜。你只有"傻"一点，别人才愿意跟你玩，这一点对牵头人来说特别重要。

4. 要低估自己，有多大能力要多大利益

很多众筹做不起来的一个原因，就是个人利益要得太多。一个好项目拍脑袋就能想出来，但问题是，要落地就会涉及方方面面，没那么容易。要记住：把自己放低点，有多大能耐就要多大利益，甚至就是要做贡献。以这种心态做事，成功率才高。

在一个群体中，当你有价值的时候，别人是不会让你白干的。实际上，一个项目中，往往是有一定实力、有很大的上升空间的人愿意出力。而最终谁贡献最大，大家就买谁的账。在一个组织中，谁贡献最大是很容易判断的，可以采用事后给期权的方式，让大家觉得不会白干。其实，大家都很在乎自己的付出和回报，这个回报有的可能是物质回报，有的可能是精神回报。

5. 要假定每个人都是自私的、靠不住的

做众筹有个很大的误区，人们往往觉得200个牛人在一起岂不是更牛？这么想的人基本上都会失败。很多时候你想得特别美好，这个人技术很牛，那个人媒体关系很牛，其实一群人做事，如果没有核心人物带领，往往谁都不愿意出力干活。如果一开始就对这些"牛人"寄予特别高的期待，到最后谁都只出工不出力的时候往往就抓瞎了。

所以，做众筹项目时需要的核心资源一定要可控，如果核心资源、核心能力不可控，基本上就会失败。如果某个人是你的核心资源，一定要跟他达成利益关系，让他觉得必须要把事情做成，而不是假定他会做，这点非常重要。

要假定每个人都是自私的，每个人都是靠不住的。这样你就不会太乐观，也不会太高估某些人可能会为你做出的贡献，你会更多地靠自己，而不是靠大家自觉。

6. 选人要严格，不要打折扣

选人这个环节上一定不要打折扣，特别是初期，最早的10个人是极其重要的。选错一个人，项目可能就砸了，越往前的人影响越大。

要跟我们合作做众筹，一般要具备两个条件：第一，一定不要有时间表；第二，千万不要当正事做。原因就在于，找人的过程跟找对象一样是很不确定的，可能找一个就对了，也可能找一万个都不合适。没有时

间表，就没有压力，顺的话就快一点，不顺就慢一点。

为什么我们的项目需要"养"呢？"养"的过程就是看哪些人靠谱、哪些人不适合，这是需要时间的。选人越到位，组织的容错能力和包容性就越强。越是混得好的、年长的人，越会把自己包装得完美无缺，一般人根本看不清楚，所以需要时间。

7. 不要对股东贡献期望过高，一定是顺手出力

我们设计的众筹模式，并不是说200个股东，每个人拿了1/200的股份之后，就不干别的天天帮你卖产品，这是不可能的。一定是顺手出力的事情，他们才会帮忙，不是顺手的事，股东一般不会做。指望别人像对待自己的正事一样特别努力地帮你，是不成立、不靠谱、不可持续的。

那么，这种模式的好处在哪里呢？当你遇到问题和困难的时候，在股东群里一说，马上就有股东跳出来帮你解决，他还觉得自己挺有面子。对你来说超级难的事，对别人来说可能一个电话就能解决。这里的关键是要选对人，选对人就很有价值，没选对人就没有价值。

8. 选最有价值的人，而不是最有钱、最有名的人

每个众筹项目都需要几个行业内的名人，这样大家可以拿出去"吹牛"。但实际上，项目最后的持续发展不是靠这些人，而是靠最活跃的那部分人。所以，根据项目的定位，一定要选项目对他们而言是有价值的人，这些人才是最活跃的，而不是那些最有钱、最有名的人。

9. 选人一定要多样化

做众筹特别忌讳股东都是同一类型、同一圈子的人，这样很可能会失败。众筹的魅力就在于人的多元化会产生很多"化学反应"。很多人有这种感觉：跟同行交流时经常有挫败感，因为你觉得特别好的东西别人会觉得不以为然；但与行外人交流，人家都觉得你厉害，你会特有成

就感。所以，跨界交流非常容易谈成合作。多元化的好处就是提高合作诚意和合作效率。

10. 股东里要有敢说真话的"坏人"

众筹项目的核心股东里一定要有一个敢说真话的人。熟人圈最大的问题是大家都不愿意得罪人，但实际上一群人在一起一定会有矛盾，如果大家都是"好好先生"，遇到问题都不说，矛盾就会不断积累。

一个在股东群里敢直言的人，不会考虑复杂的人际关系，他觉得不对就会说出来。将问题抛出来摆在桌面上，组织就会很健康，不会积累大的矛盾。组织中的小矛盾是润滑剂，是好事情，但大矛盾会给组织带来致命打击。

11. 选择最保险的方案，留出足够的钱

一个项目远景好和做得好，有着巨大的差距。所以，在设计众筹方案时，一定要保守一点，做好最坏的打算。我们一般会形成三套方案：最乐观方案、中等方案、最坏方案。如果最坏的情况不可控，建议缓一缓或干脆别做了。如果能把好这个关，项目的成功率就会非常高。

考虑最坏情况的一个重要因素，就是你有没有足够多的钱。创业失败的本质就是钱太少了。这个时代跟以前不一样，人多的是，项目多的是，只要有足够的钱，你就不会倒下，今天这个项目搞砸了，明天另外做一个，总有出头的一天。

第一步还没有迈出去的时候，要多少钱都不过分，目的是留出足够的走弯路的钱。向别人要钱，第一次都好说，但往往不会有第二次，尤其在你混得不好的时候更难，所以要一次把钱要足，宁愿多要钱等走顺了再退给大家，也千万别说"我先要一部分，不够再要"。留足了钱，你的底气就不一样。

12. 心态上一定要先难后易

做众筹，千万别忙着收钱，一定要把对这个项目来说最关键的那些人先敲定再说。为什么呢？做众筹，讲完后大家都很兴奋，恨不得马上交钱，回去后越想越不对劲……这样反复两三次是特别正常的。

所以，在选人的时候，一定要先把最难的人攻下来。那些很容易攻下来的人，10 个、20 个没有任何意义，选最难的人去突破，这样一个人可能就把局面全打开了。

13. 要避免形成过多的沉淀成本

传统创业很容易有沉淀成本。比如你想到一个主意，跟大家一说，都很激动，赶紧开了家公司。半年后发现，项目没有想象的那么好，或者中间发生了变数，你就会特别纠结。不做，对大家不好交代；做，又觉得项目没那么好……通常你会选择继续做，因为你有沉淀成本。

众筹的一个特别大的好处是没有沉淀成本。做众筹不要轻易收钱，原因就是避免沉淀成本。做众筹的前期就是天天"吹牛"。这有什么好处呢？第一，这是在磨合，挑人；第二，各种各样的人会给你各种各样的意见和反馈。

当一个项目这样"养"一段时间，你就知道到底值不值得做了。这个过程你没有投入什么成本，只是吃吃饭、聊聊天，和平时一样，并没有浪费你的时间。这个过程慢一点、时间长一点都不会有包袱。如果项目已经投入 100 万元，你内心一定有压力，想赶紧把事情做成。没有过多沉淀成本的时候，你的选择才会是最优的。

14. 控制节奏，把握快与慢的艺术

众筹是件很难的事情，周期要长一点，所以节奏控制很重要。不要过早把大家的热情调动起来，热情没有出口会形成灾难。当大家期望特别高时，你就会有巨大的压力。这时做决策可能不是尊重内心，而是为

了大家高兴去设一个时间表，这样你就会做得特别累。

控制节奏意味着大家愿意跟你走得远一点。大家跟着你越来越有味道，越来越离不开你。不要担心别人说你慢，最终要效果说话。你再快，如果没效果他也不会跟你玩。

做众筹要把握快与慢的艺术，要清楚什么时候该快，什么时候要慢。比如说，众筹"养"的过程一定要慢，因为这个过程中不确定因素很多，快容易出问题。收钱的时候一定要快，不给大家反悔的机会。很多人会担心只有自己一个人交钱。迅速收完钱，大家才放心，觉得自己的决策是对的，这个项目挺牛的。

打消股东的顾虑也很简单，规定多长时间可以无条件退款，这样股东交钱时就没有后顾之忧了。众筹过程就是人的心理驾驭过程。驾驭得好，50 万元白给你他都高兴；驾驭不好，你帮他挣了 200 万元他都不领情。

15. 时刻表扬即使是做出很小贡献的人

每个人都需要被表扬，人有时候就为了一个表扬，会做很多贡献。所以，相互激励非常重要，大佬们其实更需要表扬。要多留点心思，哪怕有人把一张脏纸捡起来，你都要表扬他。这样，他就会很有动力，愿意多做贡献。

16. 把握好封闭与开放的尺度

中国人往往是这样，进不去的圈子总想进，然而进去之后发现也不过如此。做众筹，开始一定要封闭在自己的股东群里玩，这样对外面的人来说会有神秘感，股东们也会觉得有价值。当股东自己消化得差不多的时候，就要学会开放。

什么叫开放？就是股东把自己的朋友慢慢吸纳进来。这个节奏要把握好，一开始要封闭一点，后面要开放一点。人类社会早期就是完全封闭的小村落，好处是有安全感，坏处是缺少机会，人的地位一旦确定就难以改变。现代社会又太开放了，人没有安全感，做得再好也不知道明天会被谁超越。众筹组织实际上能把这两者平衡好，相对封闭带来安全感，而适度开放又会带来更多机会。

17. 要有足够的宽容性

做一个组织，最初选人的时候要非常苛刻，只有这样团队才能凝聚在一起。但是，如果想做大，就要宽容不好的。健康的组织需要多元化，但多元化也会带来很多问题。组织选进来的人都是大家看得上的、有点能耐的人，有能耐的人往往都会有点脾气和个性，出现很多摩擦是很正常的，关键看能不能包容。包容性强，组织就能不断发展壮大。

18. 众筹牵头人要有进有退

在做众筹的过程中，牵头人和早期的核心人物一定是做出比较大的贡献的人，否则项目也很难顺利推进。虽然这些人贡献很大，但不能居功自傲，要敢于功成身退，要互相谦让荣誉，不要争抢功劳。例如，1898咖啡馆开业不久，杨勇就"退隐"下来，目的是让大家都有主人翁的感觉，让这个圈子更加活跃。当然，当组织需要你的时候，你也要义不容辞地站出来，进一步发挥自己的能力和作用，为组织做贡献。

股东管理四式和运营三核心

前期忽悠股东特别狠，一定是给自己设套。

怎么看中国式众筹项目的运营？首先存在着跟谁对标的问题，应该是与传统的股权投资项目进行对标。其实，传统的股权投资经常出现的问题，中国式众筹项目中都会遇到。在运营问题上与一般股权投资最大的差别，或者说中国式众筹运营问题的核心就是股东管理。传统的方式可能是一两个老板给你投了钱，现在变成 100 个人、200 个人给你投了钱，你能不能把这 100 个、200 个股东管好，服务好？这是核心。

1. 怎么把股东管好呢？核心就是预期，首先要降低股东预期

中国式众筹所有实操的众筹项目，都在弱化股东的预期，不跟你讲发什么财。如果你一开始给我投钱的时候，没得到太高的承诺，这意味着你投钱之后发现什么都比预想的好，会越来越觉得这个投资太值了。如果我一开始给你画了一个很大的饼，说你投钱之后有多少回报，结果一旦你发现事实跟当初说的不太一样，就会觉得我是骗子。

其实，你满意不满意很多时候就是一个心理感受，特别是你钱投得

不多的时候，可能高兴比回报更重要。你掏了30万元，这3年你每天都特别开心，最后这个项目一分钱都没赚到，说不定你都会觉得这30万元掏得很值。

管理好股东的核心是管理好股东的预期，前期忽悠得特别狠，一定是在给自己设套。

2. 选股东是管理服务股东的开始

那么多股东怎么管理？其实蛮简单的，你就选那种好管理的股东，或者说得通俗点就是"好欺负"的股东。有的人你做得再好，他也能够挑出一堆毛病；有的人你做得再烂，他都觉得你挺好的。所以就挑你自己能管控的、气味相投的人做股东。这就像人和人的关系一样，虽然有的人特别不好相处，但是他就是很服某个人。选你能管得好的人非常重要。

"欺负好"股东也是一门艺术，我们现在做众筹的优势是，把"好欺负"的人都先选出来了。

很多人问，200个股东人数很多，具体要怎么管理？其实非常简单，先选出9到11个人当执委（相当于董事会），原则上你只需要跟这9到11个人打交道就好了。一开始进来的股东可以优先当执委，如果执委都是你比较熟悉的人，你就很好打交道了。所以开始选股东的时候一定要选自己熟悉的人，这些人基本上就是你未来的执委会。

3. 200个股东矛盾很多、问题很多，怎么化解矛盾呢

首先一定要有一个德高望重者。长者在里面的价值特别大，人多一定有矛盾，如果有一个年长的人就能压阵，有什么问题的时候，他说一句话就搞定了，在关键时候年长的人能起到很大的作用。

熟人圈最大的问题往往是不愿意把矛盾点破，因此监事会的作用就很大。监事会能把问题和矛盾随时都说出来，这样就不会积累矛盾，所以一定要有一个说直话的人。监事会在众筹项目里面的作用非常大。

人多一定会有矛盾，所以也需要宽容。

矛盾不一定都是坏事，矛盾就像盐一样，多了肯定不行，少了也不行。试想如果参与一个项目，从来不出问题，你可能会感觉挺没劲的。反过来讲，如果项目经常能出点儿小问题，股东里有人站出来能解决问题，就会让股东特别有成就感，因为这样能够让他显现出自己"牛"的一面。

矛盾是一个调味品，一定要有，有矛盾真不是坏事儿，小矛盾每解决一次，股东的凝聚力就会增强一次。

4.遇到运营障碍，看是否核心发起人心态有问题

要知道大家给你投了钱，不仅仅是你的投资人，更是这个项目的主人。很多问题都是核心发起人没摆正自己的位置，老把众筹股东看成一个个投资人造成的。你把他当成主人的时候，意味着有做得不好的时候，告诉他，他会来帮你；如果只是把他当作投资者的时候，你就只能报喜不报忧，老觉得做得不好他会批评你。所以一定要摆正心态，有意识地多放一些问题给他们来解决。他们帮你解决了问题，也会觉得自己更有主人翁意识了。一定要想办法，有时候甚至有意识地制造一些矛盾让他们去解决，解决困难之后，大家会对项目更忠诚和更有感情。

通过观察与思考 1898 咖啡馆两年、金融客咖啡一年的运营，做众筹项目咖啡馆核心在于三条：

第一，公平、公正。为什么说众筹咖啡馆特别好呢？因为作为 200 分之一，每个人都平等，每个人都公平地开发这个资源，所以就都愿意给咖啡馆做贡献，即使没有好处也愿意把资源带进来。但是一旦这种平等感被打破了，股东就不愿意这样做了。

有时候，个别股东会把咖啡馆"用"得特别狠，还不给咖啡馆做什么贡献，大家心里就开始不平衡了。实际上做咖啡馆一定是希望每个股东合理地利用资源，有人用得太狠你就要想办法限制一下，让他多回报

一些；从来不用资源的人你要鼓励一下。只有合理地利用资源才能带来持续性。公平、公正是众筹咖啡馆核心命脉，这个方面绝对不能出问题。

第二，轮值主席很重要。公平公正是体现主席价值的地方。一般当主席的人就得稍微自我控制一下，有好的利益得让一让，说白了得把利益给别人，大家才会觉得你好。所以轮值主席自己是一个示范，还需要注意平衡大家的利益。

第三，一定要靠专业团队运营。如果咖啡馆过分地关注经营，基本上会出问题。一定要找专业的团队来运营，如果专业团队做得不好，还指望着股东，那股东基本上都是帮倒忙。

延伸阅读 ————◄

咖啡馆众筹独孤九剑

第一式：选址

选址时要注意交通便利，靠近地铁。位置偏一点没事，但停车场要足够大，最好能利用免费的公共停车场资源。不选门面房，租金不能贵，贵则经营压力大，这样的话股东们会一直担心赔钱，那就背离了开咖啡馆的初心。

第二式：做圈子

不是让咖啡馆本身靠卖咖啡酒水赚钱，而是经营圈子。要有不挣小钱、挣大钱的胸襟。股东或客源单纯，服务同类圈子，谈笑有鸿儒，往来无白丁，人文氛围好。彼此之间有利益需求是圈子存在的理性基石，成员之间的互动需求越强，圈子越成功，1898咖啡馆的宗旨就是帮大家发财。一个圈子或协会的价值分两种：一种是实的价值，即直接促进生意的成交；一种是虚的价值，包括认识朋友、扩展人脉、宣传、发表文章、参观了解等价值。能不能创造实的价值，决定了是求别人给钱，还是别人求着给钱。务实的圈子才会有人埋单，实现可持续生长。为什么不以中介的思路做圈子？中国文化不认可中介服务的价值，中介费用很难收，即使第一次能收上来也没有第二次，而且可能会对圈子的口碑产生负面影响，与其收不上来，不如不收。

第三式：筹资额

筹集的总金额不能少，应该是一年运营成本的5倍，储备资金多就不用在头两年过于在意亏或是赚，有利于扛过风险最大的早期阶段。募集到的多出来的钱可以委托给投资机构去理财，用理财年收益来平衡咖啡馆的经营成本，重点是让它活得更久。如果前期募集的资金过少，万一前期经营不好，开店一年钱花没了，中间募钱会很困难，因为股东都怕把钱投入无底洞。

第四式：股东结构

众筹股东中，需要有一些影响力大的大牌人物做幌子，吸引其他股东跟进。咖啡馆本身不能给这些大牌人物提供多少价值，他们处于施予者的地位。别人进来也主要是想从这些人身上获取社会资源，大家都有占便宜的心理。股东结构搭建好，有压轴的、有做托的、有干活的、有少量寻求帮助的种子选手，但为圈子贡献活力的股东要占70%，他们是资源需求和供给都比较旺盛的核心人群，互相创造价值、做成生意的概率较大。股东从事的行业尽可能多元化，通过利益结构设计，增大生意成交的必然性。把只索取不贡献，甚至造成骚扰或负价值的，如搞销售、卖保险、律师、财务顾问等股东的人数降到最低。来的人要有价值，身份对等。年龄结构定位好，年轻群体数量超过一定比例会对整个组织的良性运转构成威胁。

第五式：预期管理

落到每位众筹股东身上的金额不能高、不宜低，数字应该接近敏感点。返赠等值金额的股东消费卡，3 年有效期，余额不退还，不做任何财务回报预期或承诺。众筹的核心是管理好期望。在预期管理上，传递给股东的是 60 分，对自己的要求做到 85 分，对全职管理团队的要求要设定为 100 分标准。国内的众筹就是给别人占便宜的机会，不建议做风险大的项目。咖啡馆本身赚不到什么钱，但要为股东做好增值服务，帮他创造承接业务的机会，这样会提升咖啡馆的附加值。在咖啡馆里植入隐性广告，设置大屏幕媒体，鼓励股东提供物品赞助。股东可以得到什么？大屏幕广告媒体时段，等值消费卡，参与丰富多样的活动的机会，自己免费举办活动的场所，多元行业背景的人脉资源（跨界思想碰撞与合作），管家式服务和个性需求大礼包。让股东感觉项目不仅不欠他的，而且超划算（首先要能打动自己）。普通消费卡与股东消费卡的区别在于其持有者是消费者与股东的区别，后者有归属感和情感认同；可参与经营决策；挑毛病的立场不同，更多主人公意识，更温和；可以享受增值服务内容，承诺有别。

第六式：股东征募

熟人众筹不要大张旗鼓地去做，否则会缺少神秘感和凝聚力，要找好目标，一个一个接触，逐个击破。利用好微信工具，只发原创不转发。选什么样的股东参与很重要，态度要强势，与太磨叽的人打交道太累，要避免。中国人往往缺少契约精神，如果有股东不满意，闹退钱会很麻烦。有梯次、有计划地发展股东，第一批每人 3 万元，第二批每人 5 万元，第三批每人 10 万元，要有逐步增值、提高门槛的思路，前期股东需要承担较大风险，后来者也会理解。不做书面方案，落到纸上的东西会变成束缚，再完美的方案也有漏洞，容易变成众人批评的靶子。一再去修改方案，会大大降低效率。不如提一种想法让目标股东参与互动研讨，集中智慧完善思路的过程就是营销的过程，思路成熟了，股东也选出来了。第一批股东一定要发展好，引入第二批股东时就可以采用推荐制。法律上，股东人数要在 200 人以内。定期管理股东名单，把互相不能创造价值，无法进行良好互动的冷淡股东，通过执委会投票和私下沟通清理出去。要想做成一件事，第一要善于求人，第二要敢得罪人。

第七式：管理模式

要稳重、保守，没把握的事最好不做，否则以后在熟人圈就没法混了。设计一种模式，让项目可以在几年内不倒闭、发起人可以"退隐"，项目可以持续经营下去，圈子充满活力。发起人要做雪球的核心，把前期工作做扎实，搭建好团队。发起人不一定是 1 个人，可以是 2～3 个没有业务竞争关系，性格、能力、资源等各方面互补的人，比如不能是 3 个律师。发起人要轻松，不要有负担。发起人要懂得保护自己，不要直接经手钱，选 7～11 位股东组成执委会；股权平均分配（股东协议简化，不具体写多少股什么比例，省得每增加一人就要补签），由 3～5 位股东代持；负责财务（会计、出纳）的执委由执委会推选出来，选那些人品好、靠得住的人。执委会有决策缓冲作用，要选有威信、能镇场子的股东作为执委会的委员。服务好执委会的人就意味着搞定了整个股东群体，他们就不容易闹事。人一多，决策效率就会降低，最后的结果一定是个中庸安全的方案。"老大"应该把精力重点放在资源整合、嫁接利益上。好的经营管理模式对发起人，有百利而无一害。

第八式：定义游戏

参与感很重要，要调动股东出力，股东投入的时间精力越多，对咖啡馆就越有感情。对于身价越高、社会价值越大的股东而言，出那一点小钱他们根本就不在乎，就算全赔了也无所谓。所以，要让他们投入精力，在感情上重视。敢于折腾大牌股东，设定一个他们愿意响应的游戏规则。1898 咖啡馆的每位众筹股东（联合创始人）一年至少到店里来值一天班，至少贡献一场活动。参与的人一多，就可以吸纳更多的人才资源，管理起来也省心。老板其实很愿意举办活动。为什么他们不举办？一是没精力，二是怕举办不好。1898咖啡馆会设计这样的一天，让他们觉得值，游戏模式不仅新鲜好玩，还能让股东亲身体验到咖啡馆的价值，比如让一个大老板去端盘子客串服务生，在这一天他也可以把平时很少联系的老朋友都聚在一起集中会谈，更有效率。

第九式：品牌运营

定位要高，口号响亮要有号召力，销售主张要独一无二，力争成为细分领域的No.1，把实体店（或圈子）的人气指数、体验环节、口碑营销做好，让股东有归属感、荣誉感，满足他的面子和虚荣，让他出去的时候可以炫耀：我是那儿的股东。媒体访问的时候发起人最好自己出面，这样可以把事情挖掘得更深入，因为发起人了解所有过程，讲起来会更生动。平时发起人要放低姿态，该退则退，该隐则隐，不以带头大哥自居。

第五章

免疫系统：

中国式众筹的独特风控

中国式众筹天然具有强大的抗风险能力。一是坚持"小钱办大事，大钱办小事"——对众筹个体而言，一定是出小钱、玩得起，把项目大风险分解为个体小风险；对项目而言，一定是筹资额远高于项目投入，保证不缺钱。二是中国式众筹有独特的风险识别模式：200人把关。有200人看着，可能会出一些小问题，但不会犯大错误。

赢在顶层设计：天然规避非法集资

防微杜渐：避开12个雷区

自我纠偏：200人保驾护航

赢在顶层设计：天然规避非法集资

面向熟人圈，不超过200人，不承诺回报。

许多想做众筹又不太熟悉这一领域的人，最关心的问题通常是：众筹与"非法集资"有什么区别？的确，非法集资可能是最容易和众筹联系起来的法律风险。

当前，我国对"非法集资"的通行理解是：未经有关部门依法批准的集资；无审批权限的部门批准的集资；有审批权限的部门越权批准的集资；集资者不具备集资的主体资格，承诺在一定期限内给出资人还本付息（形式除货币外也有实物和其他）；向社会不特定的对象（社会公众而非特定少数人）筹集资金；以合法形式掩盖其非法集资的实质。

根据我国法律法规，非法集资表现为非法吸收公众存款和集资诈骗两类形式；其中集资诈骗是重罪，最高可至无期徒刑。同时，非法集资有两种法律责任：行政违法由行政机关给予行政处罚，刑事犯罪由司法机关追究刑事责任。在美国，集资诈骗（如著名的麦道夫骗局）也同样是重罪。

由于我国金融政策和法律环境尚不完善，民间借贷现象普遍存在，其中确实有一些人从事非法集资活动，给老百姓造成了巨大的经济损失。因此，我国司法机关对非法集资采取了保守、审慎和严谨的态度，即使在互联网金融快速发展、金融改革和创新不断进步的今天，我国也从未停止对非法集资的严厉打击，很多人认为这在一定程度上也制约了金融创新。而 1898 咖啡馆众筹模式因其独特的内在运行机制，能够有效地规避非法集资等法律风险。

在目前的法律环境下，我们在操作众筹项目时要把握以下几点：

第一，面向熟人圈，不针对陌生人。通过熟人的推荐和背书，既降低了交易成本，也选出了靠谱的股东，同时也规避了面向陌生人公开募集资金所带来的法律风险。

第二，人数不超过 200 人。按照我国《公司法》规定：设立股份有限公司，发起人不能超过 200 人。目前，200 人是做股权众筹需要极其谨慎对待的法律底线。未来，这一人数限制可能会在法律上有所突破。

第三，不承诺回报，出资人应具备风险识别和承受能力。创业本身失败率就高，如果众筹的项目又差一点，风险就比较大。目前众筹正处于起步阶段，众筹投资人应该是有风险识别和承受能力的人，如果出现大范围的问题，将会给众筹行业带来巨大的负面影响。

我们在实操中把握的这些原则，与后来推出的《私募股权众筹融资管理办法（试行）》（征求意见稿）有异曲同工之处，例如该办法规定："融资者不得公开或采用变相公开方式发行证券，不得向不特定对象发行证券。融资完成后，融资者或融资者发起设立的融资企业的股东人数累计不得超过 200 人。"

在股权众筹的操作过程中，如采用代持的方式，需推举一位德高望重的、大家都非常信任的股东来做代持人。如采用建立有限合伙公司的方式，则需推举董事长、总经理及执委会。两种方式都应在法律框架下操作，根据项目具体情况做出最优选择。

防微杜渐：避开12个雷区

不急，不贪，钱多是关键。

在众筹的实操过程中，存在一些需要特别关注的风险控制点，如果把握和处理不好，很容易导致众筹失败，或者达不到理想的效果。

1. 定位模糊

如果众筹项目定位不清晰，出资人就会比较杂，开始找一二十个股东比较容易，后面找不到人了就到处发方案。这样聚集起来的出资人缺乏合作互动的空间，圈子价值就体现不出来，问题和矛盾就暴露出来，项目失败的风险就会非常高。

2. 远景不明

做众筹之前，要考虑清楚项目三五年之后会是什么样子，那时出资人还能不能得到好处，大家是否还能继续活跃，愿意聚在一起。众筹项目开始时，大家都处于一个兴奋期，过多关注好的一面，忽略了很多潜在的问题，对项目的持续性考虑较少，这样很可能以失败告终。

3. 牵头人出力少、公信力差

众筹项目牵头人至关重要，如果没有合适的牵头人，一定不要轻举妄动。在众筹项目的推进过程中，牵头人需要多花时间和精力来组织和协调，为大家服务。如果投入时间不多，跟大家不太熟悉，大家就不会认可你，你就形不成公信力和号召力，核心架构和规则就建立不起来或者形同虚设，项目也就难以有效推进。

4. 缺乏法律和财务专业人才

在众筹项目的操作过程中，对待法律和财务问题需要极其谨慎，一旦出现问题，大家对项目的信心将荡然无存，所以相关专业人才应尽早介入。不违背现行法律是做众筹的底线，同时也要形成大家认同的财务规则，比较好的选择是在众筹出资人中匹配拥有律师和财务背景或资源的人。

5. 承诺太多、期望太高

做众筹讲究预期管理，不能只顾"吹牛"，如果给股东的期望值太高，一旦过了"热恋期"就会有很多问题。很多众筹项目募资困难，就开始忽悠，把股东期望值吊得太高，会有无穷的问题等着你。筹备1898咖啡馆时杨勇跟校友们讨论，校友们问每人要出多少钱，杨勇会反问：你们觉得出多少钱合适？当时校友的心理价位普遍在5万～10万元之间。后来，第一批股东入资额定在3万元，大家都觉得太便宜了；再后来还返了一张3万元的消费卡，大家都觉得不该拿，担心咖啡馆活不下去。这种预期管理让股东们觉得参与进来超值。

6. 股东甄选不严格

选股东是一个实操性特别强的非常关键的问题，直接关系到众筹的成败。第一批股东非常重要，因为他们将成为众筹成功的基础，一定要

是牵头人自己熟悉的朋友，否则会出现很多问题。大家参与众筹都希望
对自己的事业有所帮助，所以有问题不怕，关键是有没有好处。股东来
源要多元化，需要通过内部推荐、执委表决产生，每人推荐的候选人原
则上不超过 10 个，以避免形成帮派。

7. 募资少、资金链断裂

2014 年，有许多开业不到一年的众筹咖啡馆纷纷关门，除了股东
甄选不严、互动差外，还有一个重要原因就是募资金额少。咖啡馆本身
是很难赚钱的，而且众筹方式很容易导致效率下降。一群人都觉得自己
挺牛，觉得做咖啡馆简单，花钱就会比较大方，钱就会特别紧。所以，
众筹开咖啡馆时要募集足够多的资金，留出一些走弯路的钱。如果一开
业账上很快就没钱了，大家都不愿意继续掏钱，项目就难以为继了。

8. 场地租金特别贵

场地租金特别贵是做众筹非常忌讳的一点，这很容易导致项目失败。
为众筹咖啡馆选址时，有几个方面需要重点考虑：首先要交通便利，其
次尽量不选门面房。租金不能太贵，贵则经营压力大，股东们会总担心
赔钱，很容易引起矛盾。

9. 众口难调、决策效率低

一般来说，众筹项目因为参与人多容易导致决策效率偏低。如果效
率太低，一点儿小事大家就吵来吵去，事情就没法干了。那么，如何提
高决策效率呢？很重要的一点就是：规则一定要简单明了。多一条规则，
就多了一些不确定性。规则复杂的项目，不确定性和矛盾可能会被放大
很多倍，一定会带来很多麻烦。1898 咖啡馆的规则很简单：等额返卡、
股份均等、保证 3 年不倒闭。另外就是要形成大家一致认同的组织架构，
各司其职，这样就能提高决策效率。

10. 股东参与少、互动差

好的众筹项目会形成一个有价值的股东圈子。如果股东参与少、互动差，就会降低圈子的价值。要提高股东的参与积极性，不能靠强制，而要靠引导，制定互动机制。熟人圈中，你经常做贡献，我也不好意思不参与，在外面可以摆谱，在股东圈子里不能摆谱。把股东在圈子中的心态利用好，让他们主动参与，圈子便会活跃，资源就不断地释放出来，不断孵化出合作项目。

11. 推进太快、磨合差

做众筹项目要把握好进度和节奏，千万不要求快。以收钱为节点，收钱之前要充分磨合，选出靠谱的人，形成靠谱的规则，把潜在问题解决好；钱到账再去磨合就非常被动了，压力会很大。有些人了解了1898咖啡馆众筹模式之后非常兴奋，很快就收了100多人的钱。没过多久，牵头人就决定不干了，因为他做任何一件事情都会有100多种意见。原因很简单：没有经历一个严格的股东筛选和充分磨合的过程。熟人圈内部说话不用太客气，一开始把问题说清楚、谈明白，后面问题就少了。陌生人开始可能很客气，收钱后你才会发现问题会不断地涌现出来。

12. 资金去向不明，涉嫌非法集资

众筹项目资金一定要在合法的基础上做到规范谨慎，按照众筹股东约定的公认规则来管理，否则很容易丧失项目公信力。例如1898咖啡馆的财务状况对执委（董事）是完全开放的；对普通股东来说，一年会出一次财务报告；如果股东觉得财务上有问题，可以委托执委查账。

自我纠偏：200人保驾护航

掏钱是硬道理，众筹将大风险分散到每个股东身上，变成一个个可接受的小风险。

传统上要评估一个项目的风险，大多会出一个可行性研究报告，但做可行性研究报告的人的经验、能力及对项目的了解程度都是难以保证的。最关键的一点是：做可行性研究报告的人是不掏钱投资的，项目好不好说到底跟他并没有太大关系。所以，很多可行性研究报告的实际价值是令人怀疑的。例如，很多科技园项目在调研论证时，都说很有前景，但园区建完后却效果不佳。

1898咖啡馆众筹模式为什么不需要方案呢？

原因很简单，看项目的人是要自己掏钱的，掏钱是硬道理，每个人都会为自己的钱负责，他看项目一定会很用心。前文说过，落到纸上的方案会变成束缚，再完美的方案也会有漏洞，容易成为众人批评的靶子。

参与众筹项目的人通常有较强的风险识别能力，对他们来说，项目的核心要点几句话就听明白了，他自然也知道自己能得到什么；如果听不明白，就算给他1 000页的方案，他也不会认同你。这就是中国式众筹的风险识别模式。有100个人说好的时候，特别是这些人的行业背景不一样，但都愿意出钱的时候，就说明这个项目是靠谱的。

例如，电影圈有一些行家高手，天天待在一线，对票房的预测是比较靠谱的。众筹 1 亿元拍一部电影，100 个人每人出 100 万元，那么我就会找 5 ～ 10 位电影发行和预测行家参与其中。如果预测票房特别准的人都掏了 100 万元，说明他们对这部电影的"钱景"特别认可，相当于为电影做了背书，也就意味着这部电影基本上不会出大问题，其他出资人一定会愿意出钱。

众筹有很强的自我修复和纠错的能力。因为有 200 人共同审查项目，可能会有小问题，但不会犯大错误。而且，当项目出现问题的时候，合伙人都会提供建议，帮忙解决问题。

传统方式做项目，当你感觉风险特别大时，从理性出发是不会去做的。但众筹将大风险分散到每个股东身上，变成一个个可接受的小风险。如果这件事恰好是你的理想，那你肯定愿意去冒这个小风险。

创业风险大、前景难以预测，但人靠不靠谱是容易判断的。当 200 个人利用众筹锁定了一个项目，项目能不能成功，有时候很难说。但即使项目失败了，大家发现项目执行人或团队非常靠谱，当他们再做新项目时，一定会愿意继续给他们钱。

更何况，中国式众筹的一个重要逻辑是筹钱足够多，原则上已经把犯错误要用的钱准备好了。所以只要人靠谱，项目一般不会轻易失败。

按照中国式众筹的逻辑，众筹项目推动起来应该是轻松的，而且越轻松说明设计得越好，发展也会越健康。如果你做众筹觉得特别费劲，天天到处宣传众筹方案，那就说明时机不对、条件不成熟，建议最好不要急于推动。

中国式众筹的无限想象空间已经呈现在我们面前。

第六章

未来已来：
中国式众筹让改变发生

去众筹的创业园上班，住着众筹而来的房子，吃着众筹农
庄的有机食品，送孩子去众筹的学校读书，在众筹的咖啡
馆约会、谈生意，逛众筹的商场、超市，甚至连墓地也是
众筹的……你是否有过这样的梦想？有没有人跟你谈过这
样的未来？

推动NGO变革：改造升级传统社会组织

改变创业模式："双创"完美落地工具

开启人才革命：让人才比资本更有话语权

转变发展方式：为区域经济注入新动力

众筹经济学："市场＋计划"优化资源配置

未来已来：众筹·众治·众享的社会

实践证明，中国式众筹模式的优势和效果非常明显：引发社会主流人群的关注和参与，激活了社会沉淀和闲置资源，实现了资源的优化配置，提高了资源的利用效率；颠覆了传统的商业模式和组织模式，达到集腋成裘、聚溪成海、积沙成塔的效果；大大降低了创业、创新风险，打破初创企业和中小企业的高死亡率魔咒，提高创业成功率及中小企业的可持续发展能力，大规模地培育健康的商业社会细胞——小而美、社区化的公司；降低了资本和权力的话语权，使有能力把事情做好的专业人才掌握话语权，减少"外行指导内行"的现象，使事情做得更专业、更顺畅、更完美，为社会提供更大价值……

　　还认为这只是对未来的美好幻想？

　　——未来已来，欢迎来到中国式众筹大时代！

推动NGO变革：改造升级传统社会组织

把商业模式和利益链设计好之后，剩下的就是搭配资源、提供专业产品和服务、分配利益。

传统协会组织的六大瓶颈

在中国当前的文化和制度环境下，传统的商会、协会、校友会等NGO组织普遍存在六大瓶颈。

1. 资金少

不管协会组织的理事或会员中有多少亿万富翁，协会自身都很穷，单靠收取会员费或理事费，经常是入不敷出的。一般情况下想成为理事、会员，只要愿意交钱基本上不会遭到拒绝。这就导致协会会员参差不齐、构成复杂，既有行业大佬，也有刚入行想寻求资源的"新兵"。行业大佬肯定不愿意跟与自己相差太多的人一起互动，参加活动的意愿不强烈，这样一个比较杂的圈子就很难形成有效的合作。可见，资金的匮乏对协会组织整体运行会产生严重的制约。

2.团队差

因为资金少，业务就难以拓展，工资水平也比较低，导致员工少，优秀员工更少，而且留不住人才。会长、秘书长一般是长期任职的，员工能力再强、干得再好，也几乎没有上升空间，所以有能力的人必然会选择离开，最后就变成会长、秘书长两个人坚守的组织。

3.效率低

由于体制问题，传统协会组织缺乏干事创业的氛围，通常是人浮于事，做事效率低，缺乏积极性和主动性。开理事会或会员大会时，大家一般不会提出反对意见或有创意的想法，因为提建议的人通常就得自己牵头，找钱、找人去落地干活。所以，会长、秘书长说什么，大家就走走形式表决通过。协会组织并没有形成真正有价值的互动，没有真实的内在活力。

4.服务差

协会组织要履行职能，就必须提供服务、开展活动，但由于钱少而且优秀员工少，所以其组织能力和服务水平普遍不高，做活动更多的是为了完成既定任务，而不是提供价值去满足会员的需求。所以，协会组织的服务水平普遍不高,协会价值基本上如同鸡肋：食之无味,弃之可惜。大部分会员参加活动就变成了一种社交需要，而行业大佬出席活动往往就变成给会长、秘书长面子了。

5.资源集中

中国比较大的协会都带有官方或者半官方的性质，本质上还是官本位、钱本位，谁官大谁有话语权，谁赞助的钱多谁有话语权。同时，协会组织对会长和秘书长的依赖性非常强，他们不在基本上就无法运转。看起来资源都集中在会长、秘书长两人手上，但他们自己却觉得非常辛苦。

6. 体制僵化

传统协会组织体制比较僵化，领导满意是衡量工作的最重要标准。这就决定了所有工作要围绕领导意图，而不是会员和行业需要展开。协会组织负责人不愿冒风险，做好了不一定有好处，做不好可能会有很多麻烦，所以他们常常是"不求有功、但求无过"，"多一事不如少一事"。

完美改造升级NGO组织

中国式众筹有效解决了传统 NGO 组织的弊端，能够通过重新塑造一个有价值的行业精英圈子，实现对 NGO 组织的改造升级。

1. 钱多

一个众筹咖啡馆，实际上就是一个协会组织。目前我们推动的众筹咖啡馆项目，募资金额都在 3 000 万元以上，至少保证 5 年不倒闭。

收这么多钱，并不是谁拍脑袋决定的，而是在前期磨合过程中，大家经过不断讨论形成的共识。道理很简单：缴纳 10 万元的人和缴纳 30 万元的人，圈层是不一样的；收 10 万元的组织和收 30 万元的组织，档次和服务也是不一样的。钱，既是圈子设定门槛的重要方式，也是组织为股东提供优质服务的保障。只有设定了合适的门槛，才能准确聚集相同层次的人群，保证圈子的品质。所以，在项目前期的讨论过程中，准股东们往往自己就把金额涨上去了。

钱足够多保证了平台运营的可持续性。咖啡馆一般很难赚钱，但众筹的资金足够多，就能给股东一个承诺：5 年不倒闭，为最坏的情况做好准备。这样，股东就不需要为咖啡馆的死活费心，只需集中精力从圈子互动中挖掘价值。无论收多少钱，众筹项目都是属于大家的，都是为大家服务的。

2. 人强

钱多，意味着能招到更好的人为股东提供更好的服务。金融客咖啡以年薪三五十万元招聘专职经理人。当一个咖啡馆的账上趴着几千万元的时候，无论是股东还是专职、兼职团队，心态都不一样，精气神很足，积极性、主动性很强。你提的好建议，专职团队会尽最大努力去实现，这极大地调动了大家献计献策的积极性。

无论是 1898 咖啡馆的"股东值班制"，还是金融客咖啡的"能量午餐"，抑或是佳美儿童口腔医院的"佳宴"活动，效果都非常好，不仅增进了大家的情感，还源源不断地释放着各自的资源，促进了深度合作。其实股东们平时都特别忙，为什么他们愿意积极参与？因为活动质量好、价值高，他们真的认可。

3. 去中心

1898 咖啡馆众筹模式是去中心的，没有绝对领导和绝对权威，对谁都没有依赖性，离开了谁都能照样运转。实现这一点其实非常难得，而且意义非凡。与传统协会牵头人不同的是，众筹牵头人既不是老大，也不是固定不变的，如果做得不好会被组织中的其他成员替代，牵头人要为大家多出力，多让利，多做贡献。

去中心并不是没有中心，而是以去领导、树领袖的动态平衡为中心。众筹组织没有传统组织的权威和任免机制，但是根据个人能力、优势和贡献的大小会形成动态的中心，按照最优化、最有效率的方式自动迭代。

4. 透明

正因为股权均等、去中心，众筹组织内部是非常公开和透明的，讲究的是"勿阴谋、可阳谋"。同时，微信群这样的社交工具，更有利于众筹组织的透明，好的方面和坏的方面都可以通过微信群去呈现和讨论协商，增强了大家的信任关系。当大家可以把任何东西都摆在桌面上谈的时候，这个组织就是非常健康和可持续发展的。

5. 灵活

中国式众筹通过高效的组织逻辑，大大提高了做事的成功率。由于构建了真正有价值的互动网络和生态系统，并按这一要求来匹配股东人选，这就保证了股东之间具有很强的互动合作空间。通过制定游戏规则来激活股东圈子，使股东自发组织活动，增强圈子黏性，促进各自资源的持续释放，互相提供价值。

6. 自成长

很多人问众筹咖啡馆将来会怎么样？其实根本不用考虑那么清楚。任何模式都不是完美的，即使现在不出毛病，未来随着环境、条件发生变化，也会出现问题。目前看来，中国式众筹有着明显的优势和颠覆性效果。要相信，众筹能够利用集体智慧解决未来可能出现的问题。

取长补短的新组织形态

传统上，私人公司只有少数股东，较为封闭不够开放，虽然股东之间有相对较强的联结关系和参与度，但所能调动的社会资源有限。公众公司具有较强的开放性，能够产生联结的人非常多，但联结关系非常弱，股东之间非常陌生，没有参与感，最终公司仍然成为少数股东的玩偶，或被职业经理人所控制。

而众筹组织作为一种介于公众公司与私人公司之间的新的组织形

态，能够取长补短，完美解决这两个方面的问题。

众筹公司的人数一般在几十人到 200 人之间，既不同于私人公司只有少数股东，也不同于公众上市公司拥有大量股东，众筹股东的参与感更强，股东之间的联结相对更强，而且群体关系更加平等开放，能够更有效地调动资源。

但是，现行的法律法规并不能满足众筹快速发展的需要。未来，众筹可能会形成新的更加便捷和专业的组织形式，既不同于有限合伙，也不同于股份制。这方面亟须法律、金融等方面的专家开展创新研究。

同时，众筹公司能够有效解决委托—代理问题，既不会成为少数股东的玩偶，也不会被职业经理人控制，大家各司其职，各尽所能，各取所需。

首先，职业经理人不敢欺骗股东。要骗一两百个股东太难了，因为股东的背景是多元化的，当股东之间比较熟悉的时候，职业经理人需要非常卖力地工作。

其次，职业经理人都担心自己有好的想法时不被理解、不被支持。众筹的好处是，一群股东里面，总有人能看到你好的一面而支持你，你永远都不会觉得委屈，干活就有积极性。另外，200 个人确定一个方向之后一般不会轻易变化，职业经理人不用担心股东们今天一个想法、明天一个想法，没法干活。

可见，众筹有别于现行的公司组织模式，对传统行业的颠覆意义重大。未来的商业组织可能都会采用众筹模式进行构建：把商业模式和利益链设计好之后，剩下的就是搭配资源、提供专业产品和服务、分配利益。这种公司自由组合、自由解散，门槛很低、效率很高、组建很快，而且成功率高。

改变创业模式："双创"完美落地工具

传统创业，缺什么就去寻求什么资源；众筹创业，缺什么就把什么变成股东。

创新是如何被驱动的？如何才能更有效地推动创新？这是城市、区域乃至国家提高竞争力的根本性问题。

在成立两年之后，1898咖啡馆已经从一个点辐射到全球二十多个点，成立了超过一个亿的创投基金，1898咖啡馆时任轮值主席郦红对此给出的解释是：1898咖啡馆正迎来二次创业，1898创投基金和1898创天下的成立，将更好地助力创业企业和创业者，并探索中国式众筹咖啡馆的持续发展道路。

"和40%的股东第二次见面时，他们之前的名片已经不能用了，"同样由众筹而来的金融客咖啡执委、秘书长易辉非常肯定众筹对于股东事业发展的帮助，"即便没有换名片的股东，他们的思路和所做的事情也在发生改变。"

这正是"中国式众筹"的魅力所在，在向硅谷学习了几十年之后，在经历了学习鼓励技术研发、学习风投之后，我们正在逐步接近影响硅谷最根本的精神内核，而这也是中国式众筹"布道者"杨勇最看好的，众筹能够帮助我们塑造"鼓励创新、宽容失败"的硅谷精神！

解决创业瓶颈，催生小而美的公司

创业为什么那么难？

企业初创时，往往缺钱、缺人、缺资源。

创业找钱难，起步资金花起来要非常节约，总想1万元办100万元的事情；拿到投资之后，发现找客户更难；产品做出来了，没有市场卖不出去，营销难，没有品牌效应；公司有点起色时，想做大很难，资金、资源、能力各个方面都存在瓶颈；你不愿意求人，但又不得不求人，内心特别纠结……这种情况下，创业者很容易变得没有动力，没有信心。

众筹可以比较好地解决创业瓶颈。传统创业，缺什么就去寻求什么资源；众筹创业，缺什么就把什么变成股东。一方面，众筹出资人既是投资者，又是消费者，同时还在外面义务宣传推广，创业三大问题都得到了一定程度的解决；另一方面，众筹创业，把未来发展所需的资源，提前锁定为股东，股东们能够结合自身的资源优势为项目发展出力。

以前，创业者所面临的创业环境并不理想。公司做得不好不坏的时候非常难受：比你大的打压你，比你小的盯着你，你永远没有安全感，唯一的出路就是拼命把公司做大。实际上，很多创业者的目标并不是成为亿万富翁，而是想要实现自由的生活方式，想要在自己感兴趣的领域实现价值。

而众筹成为中小企业的救星，能够催生很多小而美、社区化、可持续发展的公司。当投资者、消费者和推广者实现三位一体的时候，很多中小企业就会活得很好、很健康，并且能够持续发展下去。

如此，你会发现，创业没有那么难了！

激活创业动力，让"靠谱"人创业

改革开放以来的早期创业者有一个特点，往往最开始是不容于体制的边缘人，因为在原来的体制中找不到出路，反而自己走出了一条新路。这是拜当时的经济体制所赐，而今天实际上体制内外的资源都已经极大丰富，在鼓励创业创新的目标下，若是从社会资源的效率来讲，应该把更重要的目标放在那些有经验、有资源的"靠谱"人身上，他们成功的概率更高，产生的带动影响也更大。

对于这些人来说，现在的状态也往往是过得不错，走上创业道路，则需要找到更充足的理由，更强的动力。

众筹咖啡馆就起到一个助推器的作用。"1898咖啡馆把我内在的诉求激发出来了，如果没有1898（咖啡馆），我还真不一定会走上现在这条路。"谈起自己的创业经历，中国银联业务部原总经理、现北京信逸科技有限公司创始人黄建军如是说。

毕业于北京大学经济系的他，之前曾任中国银联业务部总经理、农业银行POS收单业务负责人。2015年1月，黄建军辞去年薪百万的高管职务，与几个志同道合的同事及校友一起成立信逸科技。

从有创业的想法到真正迈出创业这一步，黄建军其实经历了几年的挣扎。"我一直觉得离创业太远，觉得自己的积累还不够。"随着越来越多地参加1898咖啡馆的活动，黄建军意识到，其实创业并不像自己以前想的那么遥不可及。

黄建军和信逸科技的其他几位创始人在金融、支付行业都有十年以上的从业经验，平均年龄40岁也已经算不上年轻。他说，大家在这个阶段出来创业都下了很大的决心，看准了移动互联网、移动支付、O2O等商业新模式颠覆原有的支付模式这一时机。如果不抓住这一波机会博一搏，可能此生再难有如此好的机遇。正是在1898咖啡馆获得的激励与支持，让他最终坚定地迈出了创业步伐。

黄建军介绍说，除了从 1898 咖啡馆获得了创业的信心、经验，坚定了创业的决心之外，也得到了一些实实在在的帮助。比如，信逸科技获得了 1898 创投基金的天使投资。1898 咖啡馆时任轮值主席郦红还介绍他认识了其他投资人，如阚登峰（北大英语系校友，决胜网 CEO）、杨大勇（金融客咖啡时任轮值主席、若水合投俱乐部副理事长）、宋宇海（若水合投俱乐部执行理事长）等。这些投资人或是明确表示投资信逸科技，或是给他提出了许多融资建议。

1898 咖啡馆创立两年多时间里，先后孵化出北京佳美儿童口腔医院众筹、花色优品众筹、《魁拔》动画融资等系列项目，而且带动一批原来体制内的人才创业，对中小企业融资和创业创新起到了非常好的推动作用。

改变创业心态，让创业变成一种乐趣

众筹对于创业者除了提供融资渠道之外，更重要的是改变了创业者的创业心态，降低了创业难度，让创业者的心态更放松，更接近自然的状态。

第一，众筹创业，让创业者心态更轻松、更平和，更有信心。

对一个开公司 10 年的创业者来说，你给他提供资源或帮助，然后提出要占 10% 的股份，他心理上其实并不平衡，甚至难以接受，因为他觉得创业太难，自己拼死拼活这么多年不容易，所以谈成合作的概率就比较低。

但是做众筹的心态就不同。众筹能够整合各种优势资源去实现一个共同的目标，能提前锁定未来发展需要的很多东西。项目发起时可以很快地聚合，项目结束时也可以很快地解散。这种按需组合、按单聚散的模式，其心态比苦熬 10 年要轻松得多，所以价格好谈，心理也容易平衡。

传统创业需要投入一大笔钱，那时心情是轻松不起来的。大笔的投入不可能不要求回报，所以一定会非常谨慎。众筹把大钱变成小钱，心态就不一样了。金融客咖啡每位发起人花三五十万元就能享受1亿元资金所能提供的服务水平，这种回报一定会让人获得极大的满足感。

这种满足感会转化为信心。创业需要信心，当所有的人都对你有信心的时候，你一定能成功。

第二，众筹创业，让创业者不再孤独，感受到大家鼓励支持的温暖。

创业的过程特别艰难，这种痛苦和孤独创业者只能自己承受，没法向别人倾诉。而通过众筹模式创业，做得好时，大家会鼓励你；遇到困难时，大家会安慰你，群里一吆喝，大家就出来帮忙。有一群股东给你做啦啦队，你自然会很开心，觉得创业没那么艰难了，也没那么孤独了。

对创业者来说，害怕失败很正常。有了众筹，就有一群人陪你、支持你创业，失败的可能性就会变小；即使一个项目失败了，如果大家觉得你这个人靠谱，你再做其他项目时，他们同样会继续伸手帮忙。

第三，众筹创业，让创业者能拉着一群比自己牛的人一起创造一个风口。

传统组织招比自己更差的人，众筹拉比自己更牛的人。在传统组织中，如果老板的能力有100分，职业经理人的能力往往只有80分，中层管理者的能力就只有60分了。而众筹模式能够吸引最优秀的人，挖牛人变得更容易，大家都愿意把比自己更牛的人拉进来，而且随着项目影响力的放大，项目本身就会吸引更牛的人关注。所以，做众筹越是后面参加进来的人越牛，同时前面的人受益就越大，组织也就越来越有前途。

任何一个细分行业，只要搭配和锁定200个出资人的资源，你就已经站在风口上了！所以，如果说传统创业要想成功必须找风口，那么众筹创业就是200个人一起自造风口！

从单打独斗走向共创共享

中国式众筹作为一种思维方式、商业模式和融资方式，具有极其广泛的适用性，几乎能对各个行业进行大洗牌、大重构、大颠覆。

众筹是实现共享经济的绝佳途径。一群人为了一个共同的目标，不仅出钱还要出力，同时去中心化，没有绝对权威，这原本就是价值共创、共享的模式，而且破除了必须做老大的传统思维。

中国式众筹的优势在于，通过整合资源再造传统行业流程，并将单个优势组合起来，把能提供资源和解决问题的人都锁定并发展为股东，有钱的出钱，有力的出力，有资源的出资源。例如，一个项目未来需要银行或电信方面的资源，那么在招募股东时，就把有这方面资源的人发展为股东。将所有需要的优质资源组装对接，就像拼积木一样。这将是件非常了不起的事，对传统行业来说可能是一种致命性的颠覆。

例如，通过众筹方式建学校，可能会颠覆传统的教育行业模式。选择 200 位企业家，每人出 1 000 万元，共 20 亿元就可以办一所很好的商学院。企业家为什么愿意掏这个钱呢？很多大公司每年都要花很多钱送高管读 EMBA 或各种培训班。作为众筹商学院的股东，出 1 000 万元可以返 1 000 万元的培训经费，公司的高管可以来参加培训。同时，出资人还能优先从这所商学院的毕业生中招人，这对出资人来说是很有吸引力的。

这种方式，出资人怎么算也不亏。以往开办一所大学非常困难，现在众筹办一所大学就变得容易多了。

众筹带来的心态变化也能够让创新、创业变得更容易。当你没有生存压力和后顾之忧的时候，你才会全身心地投入到自己感兴趣的工作中去，才能更容易做出真正创新的东西。当众筹把创业的生存问题解决之后，创业就是件非常快乐且成功率很高的事情。

中国式众筹本身就是一场颠覆性的创新革命，应用这一模式来推动科研，将对整个行业产生极大的影响。对于一项有市场前景的技术来说，100个人每人出100万元，共募资1亿元，并不是件很难的事。有了这些钱，研究者可以专心做研究、搞创新，5年不赚钱都没关系。用众筹的方式做科技创新，未来可能会成为一大趋势。

比如，一家上海美容院想在北京开店，品牌没有知名度，市场竞争也很激烈，但通过众筹方式就能顺利打开北京的市场。找100个有高端美容需求的女性作为目标客户，每人出10万元众筹一家美容院，股东可以通过花这10万元享受二三十万元的美容产品和服务。这种方式没有财务上的风险，同时，这100个人还是对外宣传美容院的品牌大使，帮美容院拉客户，易于形成口碑。

这样做的好处是：积累了客户，打造了品牌，锻炼了团队，摸透了市场。北京的第一家店开好了，第二家店就可以自己开了，如果仍觉得风险太大，还可以用众筹的方式开店。众筹对连锁行业的颠覆是极快的，用三五年的时间在全国开1 000家店并不是天方夜谭。

一个众筹项目往往能孵化出很多其他项目。以前有几百万元现金的人，理财时内心其实很纠结：存在银行里不甘心，但又不敢轻易投项目，因为自己不懂，对别人也缺乏信任。有了众筹，虽然你对某个行业可能不是很了解，但是圈子里有很多人懂。基于信任关系，当懂行的人都觉得项目靠谱值得投钱的时候，你也会跟着投，至于风险什么的你就会觉得无所谓了，不想费那脑子，反正要亏一起亏。事实上，在熟人圈推荐项目时大家都是非常谨慎的，怕亏朋友的钱，所以项目不会太差；另外，那么多精英一起看项目、一起投项目，亏钱的可能性本来就很低。

未来，众筹可能会把银行里的钱，全部变成保险公司的钱和用于众筹股权投资的钱。

配套地方创业大学，深度支持创业创新

我们在全国巡回演讲的过程中，发现山东省的创业大学模式对于中小企业主非常有帮助。山东每个城市都要建立自己的创业大学。政府支持办创业大学，由地方政府来组织本地的中小企业主参加创业课程的学习。

以潍坊为例，每年政府支持 300 万元建设一所纯粹以中小企业主为对象的创业大学，每年招收两期学员，学员由各区县选送。学员上课免费，每月用一个周末的时间在一起听课。目前已经培训了 5 000 余名学员；学员相互之间形成了很好的关系，发现了不少新的合作机会。

政府每年 300 万元的支持和投入产生了非常好的效益：第一，实现了对于想要进行转型和创业人群的普惠支持；第二，邀请外来的学者、成功企业家带来新的理念和方法；第三，形成了一个新的同学群体，这个群体之间再形成新的关联，再探索新的机会。

中国式众筹引起了他们非常大的兴趣，因为创业大学的主要目标是教学，如何使同学间更好地联系、合作，不在创业大学的工作范围内。很显然，如果由政府支持，同学主导，优选其中的 200 人成立一家创业大学众筹咖啡馆，会使同学间的相互联系更为紧密，创业大学的功能得到自然的延伸。

这样做在咖啡馆与全体学员之间会形成一种健康持续的互动关系。在股东的选择上按照不同的班、不同的老乡背景、不同的行业进行有效配置，这样不同行业的人可以充分跨界交流，相互之间可以更有效合作。

由于选择合作做咖啡馆的过程就是一次合作的试验过程，所以股东之间的合作更容易达成。此外这个平台还可以给所有学员作为交流的平台，形成项目路演对接的场所，利用率会非常高。

这种政府支持的创业大学与学员主导的创业大学咖啡馆相结合，则有可能探索出一条"双创"向深入发展的新路。创业大学通过政府的支

持和筛选，已经在潍坊数万中小企业主中筛选出了 6 000 位有一定实力的个体，经过了一年时间的学习，他们之间有了深入交往和合作的需求与基础，通过众筹咖啡馆的进一步优化筛选，将固化成一种更为长期和稳固的关系，将有可能使创新创业发展更为健康高效。

开启人才革命：让人才比资本更有话语权

改变个人为组织服务的传统，实现了组织为个人服务。

中国人做事普遍缺乏安全感，原因在于金钱和权力的话语权太大，个体很难有独立性，只能随波逐流。专业人才没有话语权，必须迎合资本和权力，所以经常是外行指导内行，没法把事情做到最好。

例如，我国每年科研经费的支出是非常庞大的，但是有些拿到经费的人自己并不做科研，而真正做科研的人拿到很少甚至拿不到研究经费。

在我们设计的众筹模式中，真正做事的人拥有最大的话语权。这样，有能力的专业人才才能过上有尊严的生活。只有专业的人做专业的事，才能把事情做到极致，为社会提供真正有价值的东西。

例如拍电影，投资人出1亿元，他就有很大的话语权，从资本利益出发他可能会给导演提很多要求，让改剧本就得改，让换演员就得换，导演的专业才能会受到限制。但如果通过众筹方式募集1亿元来拍电影，找100个出资人，每人出100万元，这些人是不会跟导演提无理要求的。这就保证了导演作为专业人才对如何拍好一部电影拥有最大的话语权，电影就能拍得更好。

再如，我们还可以用人才 IPO 的方式"众筹"教授。选一位大学教授，找 100 位企业家，每人出 20 万元，共募资 2 000 万元，无条件地、一次性地把这些钱给这位教授。当企业遇到困难的时候，如果有位教授能像朋友一样聊聊天出出主意，企业家是很愿意掏这 20 万元的。

如果一位教授手里有 2 000 万元，会产生什么变化呢？他后半辈子的生活就没有后顾之忧了，他作为知识分子的腰杆挺直了。跟人打交道不用巴结了，也不用担心被打压甚至辞退，学校要想留住他就要尊重他。教授的话语权慢慢变大，大学就会越来越健康，社会也会越来越健康。

众筹还有一项颠覆性价值：改变个人为组织服务的传统，实现了组织为个人服务。在工业经济时代，个人是为组织服务的。而随着网络经济的发展，未来的组织是为个人服务而存在的；在一个为个人服务的组织中，每个人都是投资人，每个人都是生产者，每个人也都是消费者。这种趋势在众筹组织中非常明显，未来的社会组织很可能是这种形态。

众筹是一个价值发现的过程，能够实现良币驱逐劣币，让靠谱的人和好的产品脱颖而出。这种方式具有极大的价值：只要专业人士拥有话语权，这个社会就会越来越健康。

转变发展方式：为区域经济注入新动力

> 将中关村打造成为全球众筹中心将有助于实现将中关村建设成为具有全球影响力的科技创新中心的目标。

要理解区域经济，需要把握好几对关键词：城市与乡村，产业化与城市化，以及区域软环境的塑造与人才吸引。对应国家宏观政策和时代背景，我们会发现，无论是 2020 年消除贫困总目标的实现，还是产业升级阵痛的解决，众筹都大有用武之地。

中关村的选择

在过去的二三十年间，高新区是中国城市化和产业化发展的生力军；而在所有这些高新区中，中关村又是中国高科技方面的排头兵和风向标。中关村的一举一动往往因为其标志性意义而受到全国的高度关注。

2015 年 7 月 9 日，中国第一家股权众筹行业组织——中关村股权众筹联盟宣布成立。"中关村要大胆创新，连接全球资源，占据全球创新制高点，打造全球股权众筹中心。"中关村管委会主任郭洪这样表示。

包括 1898 咖啡馆、金融客咖啡等 80 家机构联合倡议发起成立的中关村股权众筹联盟，是独立的行业自律社团组织，运营方式规范、透明，接受中关村管委会的指导，致力于推动中关村全球股权众筹中心的建设。

郭洪主任在中关村股权众筹联盟成立大会上指出，股权众筹是一场革命，是一次重大的理论创新。过去指导发展的是短板理论，现在是长板理论。对创业而言，股权众筹方式实际上就是长板，哪怕不懂技术、缺乏资源，甚至有很多方面的短板，如今看来对创业者而言都不要紧，他们可以通过众筹的方式把需要创业的资源集结起来。众筹本质上不是众筹钱，而是众筹资源。为了顺应"大众创业、万众创新"的大趋势，把中关村打造成为全球众筹中心将有助于实现把中关村建设成为具有全球影响力的科技创新中心的目标。

进入 2016 年 5 月，为了让北京科技创新的影响力获得更大展示载体，7.2 公里的中关村大街将升级为开放式双创街区，并以众筹方式整合沿线资源，最终打造成集科技龙头企业、国家级科研机构、科技金融、创业服务等于一体的特色街区。

中关村从成立众筹联盟，到用众筹的方式进行双创街区改造，使得"众筹"这个近年的热词成为中国经济发展中的一个关键词，使中关村发展与众筹呈现双赢结局。

作为全世界高新区的典范，同时也是中关村的对标对象，硅谷一向以科技研发与科研成果商业转化著称，硅谷之所以能够在这方面这么强与两个因素有关：其一是其强大的风险投资能力，大量投资创业公司，大量投资从大科技公司出来创业的创业者，快速试错，而大公司又常常收购这些创业者做出来有些成绩的新创公司，用其自身的资源将其做大，弥补自己规模大创新速度慢的缺点；其二是形成了一种鼓励创新宽容失败的文化。

虽然中国风险投资的发展取得了长足发展，但是在整体金融格局环境中直接融资功能仍然赶不上创新的速度。众筹恰恰在这个方面能够起到非常重要的作用。1898咖啡馆的发展证明了这一点，在北大创业校友这个熟人圈子里，投资的，融资的，刚创业的，已经成功的，形成了很好的生态体系。在这个圈子里，风险投资做决策的时间更快，给创业者的支持更全面，方向更准确，成功率更高。而囊括更多众筹平台的联盟组织将会为中关村的进一步发展注入更强大的动力。

城乡协调发展

城乡二元发展状态是中国的基本国情，城乡协调发展也是区域经济发展的重要内容。在中国城市化进程中，这个二元化的结构给城市的发展带来了巨大的缓冲空间，农村给城市输血，输送劳动力，推动城市化进程，如今到了需要城市反哺农村的阶段。

40多年前的"上山下乡"运动的一个初衷便是弥合城乡差异。今天在经济繁荣时代背景和消费需求的驱动下，又在酝酿着一场新的"上山下乡"运动。不同的是，这场运动是自下而上的，一旦能够加以引导，将对缩小城乡差异，促进精准扶贫和协调发展起到标本兼治的作用。

乡村民宿将是实现这场"上山下乡"运动的一个重要落脚点。伴随着城市化进程的深入，大城市周边掀起一股新的民宿浪潮，有相当多的人周末要住到乡间去，而还有一批人干脆大部分时间在乡下，需要的时候再回城。这种潮流在欧美、日韩已经很普遍。

中国也正在兴起，已经有越来越多这样的现象出现，比如大理、婺源等。对于更多的人来说，一个人去做一个民宿还有些遥远，但是通过众筹参与其中却唾手可得。当你通过众筹参与了一个乡村客栈项目，发现获得了心灵的宁静，在村里干活可能效率比在城里高，乡村没有污染的空气、拥堵的交通，还有干净食物，可能慢慢就会把更多工作时间放在乡村了。这可能会变成很多人的体验，一旦城里有很多人愿意待在乡村，乡村有了人气，关键是也有了人才，很多乡村可能就会因此而改变。

具体到一个项目上，选择城市周边环境较好的乡村展开客栈项目。由 200 位股东组成，每人出资 3 万～ 5 万元，股东从城市的中产阶级中挑选。对于城市居民来说，乡村客栈不仅能为周末度假休闲提供更好的服务，又能获得有机的农副产品，同时 200 位股东也是一个同城中产阶级的高端交友圈；对于农村居民来说，乡村客栈的建设将土地收益变现，提供了新的就业机会，提供了农产品的销售渠道，也提供了更多合作的可能性。

通过这样的方式打通投资与消费：让在城市中苦于寻找投资方向的资本与农村需要资本进行建设的项目之间实现对接。打通经济回报与价值回报：清风明月不用钱买，但是保护清风明月却并非不需要付出代价。要把项目直接的经济回报与乡村建设、价值重塑等结合在一起来考虑。

一个标准的客栈带动 200 人，全国上万个乡村将带动 200 万名中产阶级股东，通过众筹乡村客栈模式将中国几十万个乡村中的农民与中产阶级联系对接起来。城市人投资和消费，农村开拓旅游、服务和生产，形成新时代的一种"上山下乡"模式，建立起健康良性的经济生态链。

其价值不只是经济上的，还可以解决农村发展中的社会问题，可以在股东群体中挑选出有专业能力的人士，利用周末度假解决农村一些具体问题，比如医疗、儿童教育等。以客栈为点带动全国的乡村旅游，为农村创造就业岗位，解决留守儿童教育问题、农村的医疗问题等，乡村客栈的落地将成为利国利民的一件大事。

众筹客栈可以跟房车营地、户外运动结合起来，跟当下的健身体育热潮非常契合。

乡村客栈项目还可以跟"村官"的组织结合起来。比如中国大学生联盟有 20 多万名"村官"，客栈网络可以解决一些他们的出路问题，甚至还可以成立大学生"村官"天使投资基金，推动他们创业落地。

很多企业家朋友和政府领导对众筹乡村客栈操作思路非常兴奋，认为这将可能成为中国扶贫的一个非常有效的方法，要把这个做成标准化和模块化，推动一批专业乡村客栈运营公司及人员培训体系作为支撑，说不定能够成为新时期的"希望工程"。

统筹产业与城市发展

中国式众筹能够更快地形成产业集群，促进区域经济特色的产生和强化。

举一个例子。现在很多地方批发市场都面临搬迁，按照常规的思路，每家获得一点赔偿款，而这些赔偿款不一定够在另外一个地方再做商铺，更关键的是可能要花很长时间再去形成整体的氛围和人气。

重庆服装协会也面临这样的难题，这个协会的会长牵头做了一个众筹。首先站在行业高度上，向政府提出升级渝派服装产业的设想和思路，引起重视之后整体找一个地方，开始在联盟的商户中推广众筹思路，用众筹资金来开发这个园区，开发的商铺直接销售的对象就是这些投资人。与此同时商业的配套、公共设施，还有给员工提供的住宿等也有了很好的前景。

盖房子是比较容易学习的事情，但是生产、设计、渠道、品牌、物流等则是难以迅速积累的资源。以前这些老板生意小，只能做一点，现在信息的交流极为充分，容易组织起来。当这些人能够组织起来的时候，往往能够爆发出惊人的能量。

类似的情况也发生在很多其他地方，尤其是涉及对某一个群体有共同好处，但又不是某一家能够负担得起的项目上，比如工业园区的污水处理设施等。往往是政府承诺配套但是限于财力最后没有做到的。如果集合企业来参与，既有股权收益又可以折算处理的污染量，其实是解决了这些公共设施的建设和运营问题。

杨勇曾说"中国式众筹天然适合大项目"，产业园区也是这样。过去很长时间里，建设产业园区都是地方政府发展经济普遍采用的手段。一般情况下，园区建设本身就面临时间长、资金需求量大等问题，而且效果相对于决策期望来说往往存在很大变数。如果用众筹模式来开发建设，由以往的政府主导变为市场主导，不仅培养周期会缩短，更重要的是由于中国式众筹具备特有的风险识别因素，园区的最终建成效果将与期望值更为一致，让产业与城市化发展的步调更为协调。

塑造创新氛围

文化软环境对于区域发展的影响正在得到越来越多的重视，文化的形成既有传统的部分，也要不断吸收创新的内容。众筹恰好能够在区域文化的形成中带来一股信任和宽容的新风，在一种新熟人社会的氛围中鼓励付出，让人们在多次博弈中感受到付出带来的好处。

相对于一般众筹的以筹资为主要目的，"筹人、筹智、筹资源"是中国式众筹的特点，其中"筹人"是根本，在此基础上才能够使智慧、资源向区域集中，实现良性发展。

最近，国内某陶瓷业重镇领导来到金融客咖啡考察，不仅对于众筹模式，而且对于杨勇的人才IPO案例都表现出极大兴趣。因为他们本身拥有一些陶瓷业的优秀设计人才，同时更希望集纳行业内更多的优秀设计人才。因此，他们非常看重杨勇的人才IPO设计，并希望能够通过具体尝试，一方面使原有的人才实现更上一层楼式的发展，另一方面则是更好更多地吸引外来设计人才的进入。

随着经济的发展和认识的提升，越来越多的国内城市开始重视软环境的建设，并视之为吸引投资、吸引人才、强化区域优势的必备手段。采用中国式众筹的"小钱办大事"逻辑，集合从地方政府到各利益相关方的力量，建设相关的博物馆、研究院等机构，可以收到事半功倍的效果。一方面政府主导，能够提供包括政策优惠在内的支持；另一方面利用中国式众筹的形式，调动利益各方深度参与，迅速形成良好的交流平台和交流氛围。这样，政府、行业、企业、人才便可以在平台上各尽所能，各取所需。

众筹经济学："市场＋计划"优化资源配置

众筹体现了"不求所有，但求所用"的新资源观，它能够将分布的资源整合起来形成 1+1 > 10 的效果。

激活沉淀的社会资源

当前，社会上存在大量的闲置资源，无论是沉寂的资金还是其他沉淀的资源，这对整个社会来说都是极大的浪费。

众筹的一个巨大的社会价值在于，能够激活沉淀的社会资源，提高资源的配置效率，大大减少资源浪费，让整个社会变得更加健康。通过这种方式，既能带动投资、提升国内生产总值、解决就业，又能降低居民消费价格指数，形成平等共享的经济机制和社会氛围，提高人们的生活水平，缩小贫富差距。

同时，众筹体现了"不求所有、但求所用"的新资源观，它能够将分布的资源整合起来形成 1+1 > 10 的效果。互联网时代弱化了财产观念，面对社会海量的沉淀和闲置资源，分布式的、单个人的资源拥有变得不再重要，资源调动和配置能力成为最核心的能力。所有权的意义将逐渐淡化,这也使得人们变得更加开放、更愿意分享。未来将是一个不求所有、但求所用,平等开放、免费共享的时代。

中国式众筹作为一种高效的资源配置方式,大大提高了资源的利用效率。这种资源配置不是靠个人,而是靠所有参与者共同完成的。每个人都是一个资源集成的节点,都有各自侧重的资源网络。你所掌握的对你来说并不重要的闲置资源,对别人来说可能就是价值巨大的核心资源;对你来说比登天还难的事,对别人来说也许根本就不是问题。

通过众筹所建立的圈子和人脉网络,能够把各自沉淀和闲置的社会资源盘活,高效地调动、配置和利用起来。闲置、沉淀的资源对其拥有者来说价值不大,所以他们可能免费或以极低的成本将其贡献出来,而这对资源需求者来说则会产生极大的价值。通过众筹把 200 个人的世界打通,你闲置的废物也许就是别人需要的宝贝。这也是众筹实现互利共赢的重要逻辑之一。

去中介的C2B个性化定制

众筹咖啡馆是我们推动众筹的几条主线之一,其中很有想象空间的一类叫作社区咖啡馆。所谓咖啡馆,只是一个代称,将来可能就是一个功能集成的社区服务中心。我们会在中高档社区做众筹社区咖啡馆,每家面积 1 000 ～ 2 000 平方米、5 000 万元左右的投资,总量可能会有几十万家。

社区咖啡馆的基本价值在于它可以成为:孩子放学以后学习和一起玩耍的地方、老人白天会面聊天的地方、成人晚上和周末社交的地方。这都是非常大的需求。

如果将全国几十万家社区咖啡馆的需求全部定制化,比如一年吃多少米、面、油,需要多少杯子、勺子、盘子,按需求量众筹定制,消除中间环节,势必会降低产品价格,同时品质更有保证。而且,按照一家咖啡馆投资 5 000 万元计，10 000 家咖啡馆的投资规模将达到 5 000 亿元。再加上每家咖啡馆可解决几十个人的就业问题，照此粗略推断，未来，众筹对经济的拉动效应将会非常显著，可能会给中国贡献至少 1 个百分点的国内生产总值。

众筹把消费具体化并提前锁定，实现精准定制的 C2B 模式，从工厂直接到用户，去掉所有的中间环节，实现去中介、个性化的反向按需定制，大大提高了资源的配置效率。因此，这种新经济形式，在拉动经济增长的同时，更能将中国的居民消费价格指数降下来。比如，农民种的作物原本很便宜，但到终端消费者手中就特别贵，就是因为中间环节太多了。众筹的本质就是把中间环节拿掉，所以其产品价格自然就会变得非常有竞争力。

除了咖啡馆，还有数量庞大的各个行业的众筹项目，由其带动的经济增长和就业量也将是非常庞大的。可见，众筹前景广阔，可能代表了未来经济发展的一个主要方向。

塑造硅谷式的理想商业环境

众筹，塑造了一种自由平等、守信感恩、鼓励创新、宽容失败的类似硅谷的理想社会环境。

在国内商业环境中，缺乏信誉度的事情时有发生。在做众筹项目时，至少小圈子里面是自由、平等、守信的，谁也不敢骗谁。

众筹项目里面的有钱人很多，但是仅仅有钱，在圈子里是得不到尊重的，不过当你做了一件很牛的事情后，就会特别有面子。所以，这样的环境会在无形之中鼓励原创、做标杆，因为只有这样才算牛。虽然不乏很牛却很低调的企业家，但是大多数人不愿意在小圈子里低调，而愿意自己是最牛的，所以人们在主观意识上会要求自己做得特别好。

很多创业者、企业家都经历过失败，知道失败是很正常的事情。所以，当众筹出资人中有人失败时，大家不会瞧不起他，反而会鼓励他。

通过众筹，我们可以塑造"硅谷精神"，形成很多理想的小环境，如果有一万个这样的小环境，就会影响整个社会的大环境。

正在浮出水面的众筹经济学

众筹可能是代表未来的一种新经济形式。

一般来说，计划经济期望通过严格的指令来优化资源配置，却导致资源配置无效率，既制造了短缺，也产生了资源浪费；而市场经济也经常失灵，造成产能相对过剩，导致经济危机或金融危机，同样形成巨大的资源浪费。

众筹经济可能是计划与市场优势的结合。中国式众筹的核心特征之一就是去中心、去中介，实现规模化、个性化、精准的反向按需定制，从工厂直接到用户，大大提高了资源的配置效率。

最终，企业可能会逐渐消亡，个体直接成为类似企业的市场终端。企业个体化、个体企业化，那时，人才众筹、人才 IPO 将如同公司众筹和公司 IPO 一样，被人们广泛接受。个体独立性越来越强的同时，全人类会实现大联合，众筹、众治、众享将成为普遍的组织形式。

未来已来：众筹·众治·众享的社会

众筹，最终作为一种全新的生活方式，渗透到我们日常生活的方方面面。

众筹，改变我们的生活

2014年10月18日，北大1898咖啡馆迎来了一周岁的生日，在北京大学国际关系学院新鸿基楼秋林报告厅，举办了盛大的"2014北大校友创业家年会暨1898咖啡馆一周年庆典"。

时任轮值主席郦红对咖啡馆这一年的运行做了总结："开业一年以来，1898咖啡馆举办了超过300场创新、创业活动，发起人及校友通过这个平台，或习得知识，或获得融资，或结识人脉，或达成合作……1898咖啡馆已经成为国内众筹模式的典型代表和创业校友聚集地，在社会上产生了巨大反响。更重要的是，这种全新的众筹模式，衍生出更多的众筹项目，如金融客咖啡、佳美儿童口腔医院……"

在主题为"1898咖啡馆带来的改变"的圆桌论坛上，联合创始人谢思敏、杨大勇、武寒青、宋宇海、陈荣根、程斌等，从各自不同的视角分享了1898咖啡馆带给他们的改变。

谢思敏说，一个偶然的机会他听说了筹建 1898 咖啡馆的事。因为当时在股东人选上重点考虑"70 后"，作为"50 后"的他为什么还要加入进来呢？谢思敏的想法很有意思：为了给不到两岁的小儿子找到许多有成就的精英导师，这样孩子才不会输在起跑线上，将来进北大的可能性也更大。而参与后他发现，自己的收获远远超出了预期，通过参加各种活动跟大家一起探讨众筹、创业等话题，能够帮助到很多人，日子过得非常快乐。他说：咖啡馆从来没有像 1898 咖啡馆这么办的，但 1898 咖啡馆为什么活得挺好？因为它把人心里的热情点燃了。如果你想点燃心中的热情，请来 1898 咖啡馆吧！

杨大勇开玩笑说，1898 咖啡馆带给他两大变化：一是牙黑了，因为咖啡喝得太多了；二是口袋没钱了，因为好项目太多了。1898 咖啡馆的巨大价值就在于把有成就的校友联系起来。后来在杨勇的推动下，杨大勇作为第一任轮值主席启动了金融客咖啡。金融客咖啡把 1898 咖啡馆校友之间融洽的气氛和大量的外界组织联系等特色传承下来。发起人之间互称"家人"，最年长的发起人推荐自己的儿子加入金融客咖啡，更体现了家一样的传承。

用武寒青自己的话说，青青树公司一直是中国动漫界的孤独者，20年来一直坚持做对人有价值的事情，但其实天天都要辛苦地面对庸俗的现实。有了 1898 咖啡馆之后，她感觉像回到了母校，自己的理想能被兄弟姐妹们理解和呼应，让人觉得特别温暖。1898 咖啡馆让她重新回归到在北大时所特有的那种思想状态，让她找到了创业多年坚持做一家有价值的企业的精神共鸣，从而不再感到孤独。这些支持让青青树能够不断努力，坚定地走自己的路。

宋宇海既是 1898 咖啡馆的发起人，也是金融客咖啡的发起人。他说，1898 咖啡馆大获成功之后，大家都在想是否能够通过众筹的模式，把全球各地最好的人才、智慧、资源整合在一起，共同挖掘和投资好的项目，于是就有了若水合投俱乐部。目前，若水合投在全球包括纽约、北京、香港、上海、深圳等地有 100 多位发起人，俱乐部的宗旨在于用全球的智慧资源来支持大家进行创业和日后的发展壮大。

陈荣根不喝咖啡，那为什么还要加入 1898 咖啡馆？起因是杨勇曾直言不讳地说他的公司市场做得太差。他希望改变。加入 1898 咖啡馆之后，陈荣根改变了自己，原本比较内向的他，开始参加各种各样的活动，甚至乐意在 1898 咖啡馆的宣传片中扮演路人甲，而这些在过去他是不会去做的。个人的变化带来了事业和家庭的变化，陈荣根学会了跟别人合作分享，学会了更好地处理家庭关系。他认为加入 1898 咖啡馆最大的收获就是认识了一批杰出校友。

程斌博士毕业后本打算加入研究机构，因为非常欣赏 1898 咖啡馆的模式，所以毫不犹豫地参与进来了。在他看来，1898 咖啡馆是弥补他创业经验不足的绝佳平台，参与其中相当于读了最好的商学院和投资学院，短时间内获得了极大的收获。

这样的例子还有很多……

1898 咖啡馆，改变了许多人的生活。

众筹·众治·众享

众筹，不仅仅是一种融资方式、一种高效的资源配置方式，更是一种先进的生产关系，最终，它将作为一种全新的生活方式，渗透到我们日常生活的方方面面。

融资是众筹最基础的功能，但对中国式众筹来说，这一功能并不是最优先、最重要的。中国式众筹绝不仅仅只是作为小微企业、初创企业的传统融资方式的补充，它有着极强的资金吸纳能力，特别适合那些用传统方式难以完成的大项目、超大项目。以前想都不敢想、一辈子也许都不可能做成的项目，现在运用众筹模式，变得容易、轻松、靠谱了。

众筹还是一种先进的生产关系。200个人各有专长，大家在一起做事时对项目的把握基本是全方位、无死角的，大大降低了风险，提高了效率。在这个过程中，也许你会走一些弯路，但200个精明的合伙人与你绑定在一起，都愿意出力，这样大的陷阱或问题就容易排除了。

想象一下未来的生活会是什么样子呢？可能一个人从生到死，吃喝拉撒都是通过众筹完成的。你吃的米、面、油是你众筹的农庄生产的，孩子出生的医院、月子中心是你众筹的，孩子上的学校是你众筹的，住的房子是你众筹的，出门用的车是你众筹的，社区的服务是你众筹的，甚至你死后的墓地也是你众筹的……事实上，这些涉及日常生活方方面面的众筹项目，我们都曾探讨、指导或推动过。

这样的场景为何能够实现？

诺贝尔经济学奖获得者科斯认为，企业存在的根本原因是能够降低市场交易成本，如果没有企业内部的一体化协同，我们在市场上获取产品和服务的交易成本会极高。但事实上，这一逻辑的成立是有前提条件的：影响交易成本的因素不变。

互联网时代，影响交易成本的因素已发生巨大变化，获取信息越来越容易，人与人之间越来越平等。随着科技的发展，市场的交易成本可能会降到足够低，人们获取产品和服务越来越不需要庞大的企业组织来提供保证，搜寻和交易都变得极为简单，例如3D打印等技术使人们有可能随时随地制造任何物品。

在这样的大趋势下，众筹在未来将会大行其道，成为一种全新的生活方式，进而形成一个众筹、众治、众享的社会。

众筹未来：自由人的自由联合

对中国式众筹有了基本了解之后，很多人都会有种朦胧的感觉——怎么有点像共产主义？

关于共产主义的解说浩如烟海，视角也各有不同，其中从社会关系的角度可能有两种表述是比较重要的：一种是"各尽所能、各取所需"，另一种是"自由人的自由联合"。

实际上，这两句话与众筹的本质有着高度的契合，也代表着众筹未来的发展前景。中国式众筹特别符合人性，它能够在一个小圈子里体现"各尽所能、各取所需"的特点。第一，不但出钱，还要出力，不出力的人会逐渐被边缘化、被淘汰。第二，一旦平台搭建好，你将被鼓励在大家认同的规则下，充分利用平台资源获取自身利益。在简单的、公认的规则基础上，正大光明地获取利益没有什么不好意思，谁获取的资源和利益越多，说明谁越有本事。可见，这种模式是从积极、正面的角度去肯定人性，从而发挥强大的激励作用。

央视评论员刘戈在参观 1898 咖啡馆并听完解说之后，曾写过一篇文章。他说 1898 咖啡馆模式可能是一个"四不像"：有点像普通公司，有点像营销企业，有点像宗教组织，有点像人民公社。像普通公司意味着这是一个商业组织，股东、管理者、员工一个也不能少；像营销企业意味着经营者同时也是消费者，通过圈内人推荐发展股东；像宗教组织意味着股东必须有相近的价值理念和富有号召力的首领；像人民公社意味着生产资料为大家共同所有，不以股份多少分配剩余价值。

当然，人类社会目前的发展水平离共产主义确实还有一段距离。

但中国式众筹正在改变世界。其在组织模式、商业模式、融资模式等方面，对中国商业生态的颠覆性效果已经明确显现出来了。成功的案例胜过千言万语，通过参与大量案例实操和不断地思考，我们的内心为之深深震撼、激动和狂喜。我们越来越相信，中国式众筹具有伟大的神奇力量，能够在各个行业、各个领域让改变发生。

让我们张开双臂，热情拥抱一个新的时代、新的世界吧！

附录1 ————◄————

杨勇众筹悟语

1. 众筹的价值是多元化的，简言之就是里子、圈子和面子，也就是有实惠、有归属、有荣誉。如同做一家好企业，要给员工不错的收入，给员工找一群很牛的同事，让员工觉得在这里工作很有面子。众筹的回报，不一定体现在增加财务收益上，还可以降低成本、减少不确定性、提供信用背书。

2. 众筹五步曲：第一步，牵头人找 4 个熟悉、靠谱、有共同价值观的朋友，作为共同发起人，变成 5 个人；第二步，每个人再推荐 3 个人，股东规模变成 20 人；第三步，每个人再推荐一两个人，变成 50 人；第四步，每个人再推荐 1 个人，就变成 100 人；第五步，每个人再推荐 1 个人，就变成了 200 人。众筹目标完成！

3. 众筹的发展路径：通过精英群体树立标杆榜样，进而形成示范效应，吸引中产阶层加入，形成主力；通过中产阶层对普通百姓的影响和扶持，使全社会都加入到众筹的新规则中来。

4. 众筹其实就是在干两件事：把别人的事情变成自己的事情，把自己的事情变成别人的事情。把别人的事情变成自己的事情，你才会用心、才会努力；把自己的事情变成别人的事情，你才能整合资源，才能解放。

5. 在众筹初期，要团结一切可以团结的力量；而在众筹后期，要去除一些摇摆不定的因素。

6. 众筹难不难？那要看怎么比较了。要想做好众筹，尤其是做好后期运营，挺难的。但如果和传统创业比，那太简单了！关键是把很多不确定性变成确定性！

7. 众筹带来做事逻辑的巨大改变。通过众筹做事，人们不会把注意力全部放在结果上，也不会过分关心事情的成功与失败，只需要关心开始和过程，这样做事就没有压力。

8. 以理想主义的态度想众筹，用现实主义的态度做众筹。

9. 这个社会闲置资源多，而且资源的利用效率普遍偏低，众筹就是激活资源、提高效率的一条出路。众筹模式创造了很多弯道超车的机会，打破了很多行业的原有格局，打破平衡就会带来社会活力。

10. 众筹就是要做商业生态链，它有三个特点：共生、互生、再生。以前的商业生态链是慢慢成长出来的，现在通过众筹可以直接设计一个完美的生态链。众筹会大大加速各种利益的结盟，当每个人都有很多利益组织的时候，就增加了整个社会的纤维，提高了社会的柔韧性和稳定性。

11. 众筹让决策重新回归直觉。靠谱不靠谱、真好还是假好，人的直觉有时候是很准的。200个人的直觉加在一起，犯错误的概率就极低，再加上良好的机制，就保证了决策的正确性。

12. 众筹再热，最终都得拿结果说话。如果一个项目本身就不太好，没人投资才用众筹方式募资，估计最后也不会成功，那样众筹也会逐渐被边缘化。所以，要想把众筹行业做大，让其成为主流，就得吸引那些很牛的项目、很牛的团队来做众筹，这样才有未来。

13. 众筹模式颠覆了传统的木桶理论。以往年轻人很难超越年长者，因为你只有综合实力很强才有机会，但是培养综合实力要靠时间。现在不一样了，一个年轻人只要某一方面能力特别强，通过众筹，就能迅速集合一批其他方面都很强的人才，迅速超越现有老大。这意味着，众筹能使社会新陈代谢加快。

14. 众筹是不是一定要找人脉很多、很活跃的人当股东？这要看你的诉求。如果你希望众筹项目能尽快做成，你就找人脉多的；如果你希望众筹项目的运营更健康，找内向的、低调的人会更好，我更偏好那些内向、务实的人。

15. 在中国做事情，规则都是看人的，遇对人就是门，没有找对人就是槛，所以人际关系圈很重要。众筹能帮你寻找、维护合适的关系圈。

16. 创业的心态：我相信任何一个创业者都是因为拥有一个很有想象空间的蓝图而投身创业，但是美好的远景和走好第一步其实并没有多大关系，再加上市场变化太快，今天好的明天也许就不行了。所以，创业者关心"如何让自己尽快上一个台阶"可能更靠谱。你上了一个台阶，看到的、想到的可能都会不一样。众筹也是一样的道理。

17. 众筹能走多远？做一个好的众筹项目，前期人员的选择可以说是核心的核心。人选错了就走不了多远，所以选人要严之又严。当众筹股东到位后，众筹组织对人的包容性又显得特别重要，包容性越强这个组织就能走得越远。

18. 做众筹，要先舍才有得，做方案时精明算计，最后只能自己玩。众筹牵头人现在吃小亏将来会占大便宜，没有这种心态做不好众筹。要想从井里抽水，先得往井里倒点水。众筹有如此理，200 个股东所拥有的资源、资金、人脉、思想等如同井下的水，总得有人牵头先付出一点，井水才能源源不断地出来。所以说，众筹初期要无私，后期才能"自私"。

19. 通过人才 IPO，能够让真正干活的专业人才重新掌握话语权。这个社会为什么会出这么多问题，根本原因是话语权出了问题。有钱有权的人有话语权却不干活，真正干活的人却没有话语权，这导致很多事情变味。当医生、老师、画家等专业人才都能纯粹做自己喜欢做的事的时候，社会自然就会变得更健康了。

20. 做众筹之前要问问自己：现在大家对项目很感兴趣很激动，三五年后还感兴趣吗？如果那时候大家还感兴趣，那么这个项目一般就会比较健康。如果那时候大家不感兴趣了，那么是否已经从项目中获得了超值回报？如果没有，那就存在潜在的不满意因素。

21. 做众筹，核心发起人里必须有一位性格比较直、敢说真话的人。这样的人也许会让你不爽，但会让众筹项目更健康。

22. 在众筹时代，最后你胜出不是因为你全能，而是因为你将某个方面的优势发挥到了极致。也许其他方面你一无是处，你的缺点如同星星一样繁多，但是你的优点却如同太阳一般，太阳一出来，星星就看不见了。

23. 众筹一定是先成全别人的梦想，通过成全别人反过来成全自己的梦想。众筹的过程，就是寻找一群愿意相互成就的人。既然相互成就，就要有一个先后顺序，强的愿意帮助弱一点的，先发展起来的愿意带动后发展的，得讲承诺，得有信任。我通过众筹帮助很多人获取成功，通过成全别人来成就自己这条路是最适合我的。

24. 做好众筹需要八颗心：诚心（很缺，很多项目就是变着法子销售），热心（一般都有），耐心（很缺，都太急，得慢一点儿），开心（众筹就得玩着把事情做了，图的是开心），放心（对运营人要放权，少干涉），信心（其间遇到问题很正常，要有信心），宽心（众筹之后，一起过日子，矛盾少不了，需要彼此宽容），舒心（项目如果失败了，钱亏完了，别和自己过不去）。

25. 做销售，要趁热打铁，对方一冲动，赶紧让对方埋单，只要埋单就是成功；而做众筹，一定要让对方足够冷静，然后再决定是否投资。一个人对于众筹项目的态度反复两三次是很正常的：第一次听完很兴奋，回去后再想想就产生怀疑，再听后又很认可，回去和朋友一聊又产生怀疑……要给大家充分考虑的时间，这就是项目需要"养"的原因。

26. 众筹就是大众创业、万众创新。我们把创业分成三个时代：创业 1.0 时代，靠自己辛辛苦苦、一点一滴地做起来；创业 2.0 时代，靠风险投资来支持企业发展；创业 3.0 时代，靠众筹支持，大家一起创业、共同创新，每个人都是资本家，每个人都是生产者。

27. 众筹有"点、线、面、球"4个层次。点，就是一个个众筹精品项目的打造；线，就是一个个众筹垂直领域的兴起；面，就是全行业众筹的爆发；球，就是众筹超越传统商业席卷一切领域。

28. 中国社会是熟人社会，对陌生人往往缺乏信任和契约精神，特别讲究线下的互动，讲究圈子、面子、人脉、人情，并靠这些来约束交易行为。

29. 众筹就好比十月怀胎，只有慢慢地做，才能将风险释放出来。哪些人靠谱、哪些人不靠谱，哪些人好伺候、哪些人不好伺候，在这个过程中会慢慢变得清楚。如果众筹时找的股东都是好伺候的股东，后面就比较好管。

30. 众筹这种方式的包容性很强。比如200个股东中，总有人不喜欢你，也总有人喜欢你，你不用管别人，干好自己的事情就可以了。众筹创业，不会有怀才不遇，也不会有功高盖主。

31. 投资就是投人。人才IPO，真正做到投人，挑战众筹最高难度和最高境界，这样才能创造历史！

32. 我们做众筹有一个简单的逻辑：你不但自己交钱，还愿意把你的朋友拉进来，这样才能证明这个项目、这个模式真的好。

33. 做众筹的一个重要原则：勿阴谋，可阳谋。众筹项目涉及的人很多，有一两百双眼睛盯着这件事，信息会更加开放和透明。熟人众筹千万不能骗别人，你想通过众筹获得利益，完全可以明明白白地告诉大家，千万不要藏着掖着，那样不会有好的效果，很可能会失败。骗1个人也许很容易，但想骗 200 个人是非常难的。

34. 中国式众筹，核心就是做好一件事：精挑细选有共同价值观、共同愿景、靠谱的人。至于项目本身提供什么回报或服务、未来要做什么事情，都不用担心。股东们会用集体智慧来解决这些问题。

35. 完美的众筹与单纯的集资存在着本质的区别：众筹，是拿大家的钱做大家的事；集资，是拿大家的钱做自己的事。拿大家的钱做大家的事，是把众筹出资人变为事业合伙人，成为一个紧密的利益共同体。

36. 众筹有很强的自我修复和纠错的能力。因为有 200 个人共同审查项目，可能会有小问题，但不会犯大错误。

37. 传统创业，缺什么就去寻求什么；众筹创业，缺什么就把什么变成股东。传统组织招比自己更差的人，众筹拉比自己更牛的人。

38. 创业是自己找风口,其实找风口挺难的,但是可以自己创造风口。在任何一个小行业，你如果找到了 200 个人，这个行业基本上就是你的风口了。

39. 我们设计的众筹世界里，拥有最大话语权的不是资本，而是真正做事的人。这样，让真正做事的有能力的专业人才不用受制于人，过上有尊严的生活，能够施展才华，把事情做到极致，为社会提供真正有价值的东西。

40. 众筹还有一项颠覆性价值：改变了过去个人为组织服务的传统，实现了组织为个人服务。在工业时代，组织成为目的，个人成为服务组织的工具。但是，未来的组织都是为个人服务的，每个人都是资本家，每个人在很多公司里都有股份；在一个为个人服务的组织中，每个人都是生产者，每个人也都是消费者。这种趋势在众筹组织中已经非常明显，未来的社会组织和商业形态很有可能都是这个样子。

41. 众筹作为一种高效的资源配置方式，提高了资源的利用效率。当然，这不是靠个人，而是靠所有参与者一起来配置资源。把200个人的世界打通，你闲置的废物也许就是别人需要的宝贝。众筹能够形成优势组合，其效果非常类似于"动车组"。众筹让每个人都成为"动车组"的一员。

42. 资本有很强的时间性，必须在一定时间实现一定回报，这就决定了资本的功利性，而人才IPO打破了资本的时间性，具有历史意义。钱的来源不同决定了你对钱的态度不同。人才IPO的资金要充分利用好：一是更好地服务股东及周边朋友；二是更好地创造价值，给股东更好的回报。所以，人才IPO的资金运用不同于以往商业逻辑，这就是竞争力！

43. 我们所推动的众筹模式，最核心的其实还是规则文化，通过规则来建立秩序，圈子只是实现的手段而不是目的。中国式众筹的模式是通过中国人的圈子文化来解决中国人的契约精神和信用问题，通过越来越多的众筹项目形成一个巨大的圈子，当圈子足够大时就没有圈子了，剩下的只有规则，这就是终极目标。

44. 众筹的好处是能把一群人比较紧密地联系在一起，这时候容易出现"信任绑架"或"道德绑架"。比如为了支持某个比较重要的人，他参与或推荐的事你不好意思不参与，这种情况一旦多了，很容易破坏众筹所形成的紧密关系。所以，这种情况要谨慎对待。

45. 众筹项目最后能否发展好，本质是对股东的时间和资源的占有（这个占有不是强迫的，而是股东觉得有价值主动投入的）是否充分。众筹项目参与人比较多，主体性自然会弱一些，大家都不愿意得罪人，与有明确利益主体的组织竞争就会差一些。因此，不能在自己组织中宣传与自己的定位类似、与自己有利益冲突的其他组织。

46. 众筹咖啡馆的生态建立是这样一个过程：先定基本规则，然后发展股东，进而完善规则，实现资源共享开放，大家各取所需。鼓励强者合理利用资源，同时保护弱势者的基本利益，形成良性、可持续、健康的小平台。

47. 众筹过程中不要太在乎拒绝和反对的意见。一个众筹咖啡馆只需要200人认可埋单就行了，其他人反对也无所谓，这就是众筹的魅力。这就好比找对象，其他人都拒绝你没关系，你只需要找到一个关心认可你的人就行了。

48. 一个人想控制资源手就会握住，想利用好资源手就会张开。当200个人都希望利用好资源为自己创造更好的商业机会时，200双张开的手放在一起就会形成一个小平台，会吸引更多的人加入，会有更多双手，而且这个平台会越来越有生命力；而如果是想控制资源，永远都只是200双紧握的手。

49. 创业很难，生存不易。投资人给你投资是希望有更多的回报，这要求创业者有企业家精神。什么是企业家精神？我是这么理解的：在企业成长过程中，创业者一次又一次耗尽了所有的力气和所有的智慧，最后一刻渡过一个又一个难关，自己获得重生。众筹之所以伟大是因为有完美的模式，对企业家精神要求不高，能健康运营。当一个新的体系降低了对人的要求，而想象空间更大，这个体系怎会没有生命力！

50. 新建立的合作关系，磨合起来成本很高。核心是信任问题，缺少契约精神，变数会很大。众筹要养一段时间，就是要选出一批值得合作的人。众筹的商业价值在哪里？解决人们缺乏契约精神的问题。现在大家对众筹的理解基本停留在解决中小额融资层面，这是比较片面的。我们一直在探索如何建立适合中国人的合作规则、体系、生态，这才是真正有巨大商业价值和社会价值的事。

附录2

杨勇：校友会十条潜规则

我从 2003 年开始接触校友会，这些年和别的兄弟校友会来往也挺多，算是一个校友会资深工作者吧。根据这些年自己的观察及做北京大学校友创业联合会秘书长的经验，我总结出几条校友会的潜规则，仅供参考，主要目的是为了让大家更好地参与校友会、融入校友会，从校友会中获益，反过来一起推动中国校友会的发展。

1. 总体来讲，校友会就是一个名利场，但是小圈子的氛围还是不错的，关键是你能否融进去。

2. 你可以抱着很功利的想法选择一个校友圈，但是一旦进入校友圈，不功利才是最好的处事办法。

3. 校友之间是有基本的信任感的，但是刚认识的时候，每个人都在评估，你的每个行为都可能为你带来加分或者减分，千万别耍小聪明，真诚最重要。

4. 年长的校友靠经验、人脉、影响力，年轻的校友靠热情，靠主动为大家干活。和年长的校友在一起，年轻的肯定受益，少说多听多干是王道。

5. 在一个校友圈里，你可以不给别的校友带来好处，但是绝不要给大家带来骚扰，否则肯定会被慢慢淘汰出局；长远来讲，从校友那里获得帮助也一定要想着回馈校友，有来有往才能长久。

6. 校友圈里信任是可以传递的。

7. 一个人能维护的关系是有限的，但是校友平台背后的关系是无限的，看你是否能用好。

8. 校友圈子聚会不一定谈正事，可能就是闲扯，但是最后正事都办好了。

9. 校友会卧虎藏龙，不管你有多厉害，千万别嘚瑟。

10. 最后提醒一下：校友圈其实很小，千万别骗校友！

（杨勇总结的上述校友会潜规则的精髓其实也适用于其他各类圈子，故附录于此供读者参考。）

致　谢 ————◄

　　中国式众筹的发展演进及本书的成稿，得益于许许多多人的帮助。在过去两年多的时间里，我与一万多人进行了面对面的深度沟通及项目讨论，这对于中国式众筹思想的深化和升华起到了巨大的促进作用。可以说，本书中体现的许多思想，本身就是众筹的结果，是很多人集体智慧的结晶，而我只是这场思想盛宴的代言人。

　　感谢我的母校——北京大学，她不但给了我"思想自由、兼容并包"的北大精神，还给了我充足的自信，以及许许多多各行各业非常优秀的校友。多年来，北大精神和庞大的优秀校友群体不断支撑着我去追寻自己的梦想。感谢林建华校长、王恩哥校长、海闻副校长、吴志攀副校长、厉以宁教授、易纲教授、黄益平教授等许许多多学校领导、老师和朋友的大力支持。

　　感谢高超、李宇宁、张向英等北京大学校友会的领导和老师对北京大学校友创业联合会设立与发展的大力支持。感谢北京大学校友创业联合会共同发起人王璞、徐志勇、孔令博、王志东、陶宁等人为联合会及1898 咖啡馆做出的贡献。可以说，没有联合会的成功运营，也就没有1898 咖啡馆。6 年来，联合会共举办了 1 000 多期活动，其中有 220 多期校友走访活动，在校友中产生了广泛的影响，这与大家的共同努力是分不开的。

　　感谢 1898 咖啡馆的全体股东，是这些兄弟姐妹用爱与包容共同营

228

造了这个大家庭，成就了中国式众筹的"策源地"。感谢 1898 咖啡馆第三任轮值主席郦红，她同时接替我担任了联合会秘书长，为联合会和1898 咖啡馆的可持续发展做出了巨大贡献。感谢联合会副秘书长、1898咖啡馆运营长蔡润维，多年来他一直勤勤恳恳像骆驼一样为联合会和1898 咖啡馆服务，得到校友们的广泛认可。要感谢的 1898 咖啡馆的联合创始人实在太多太多，他们从各自优势出发，为 1898 咖啡馆做出了许多贡献，这里无法一一讲述了。可以说，没有 1898 咖啡馆，也就没有中国式众筹今天的发展局面。

感谢金融客咖啡的各位家人。感谢易辉、杨大勇、衣锡群、孙刚、兰珍等金融客发起人为金融客的健康发展所做的贡献。

特别感谢韩树杰、刘元煌、吴鹏对本书所做的巨大贡献。韩树杰在《中国式众筹》第一版中承担了大量的撰写工作。刘元煌的付出，使第一版的质量得到很大提升，并且主要完成了修订版的编撰工作。

感谢以下朋友为 2014 年 12 月 25 日众筹三千人大会提供赞助：易辉、衣锡群、杨大勇、孙刚、康胜、梁国忠、刘佳、戴凯、陆宇晖、宋皖虎、唐澍明、唐传龙、李宇、李沁春、郑熙、于洪彬、许小林、李虹邑、季成、沈平、富彦斌、王震宇、高燃、王凤鸣、熊华敏、陈硕、刘旭红、陈文思、黄旭、李仲新、张韶峰、盛希泰（以发起人号码为排序依据）。此外还要特别感谢：崔巍、丁明山、富彦斌对三千人大会的支持。感谢点评专家：盛希泰、肖风、李学宾、杨东、王巍。

感谢佳美儿童口腔医院、花色优品、经心书院的各位家人，是大家的信任和包容，使这一个又一个项目成为中国式众筹的经典案例。

感谢陈春花、衣锡群、胡光辉、富彦斌、张国柱、韩若冰、肖风、张家卫、李竹、沈平、邬建刚、熊华敏、崔巍、陈婵薇、王欣欣、易辉等朋友对"杨勇人才 IPO"的支持，面对这样一件非常创新和超前的事，敢于成为第一个吃螃蟹的人，表现出对我的极大信任和认可，我们共同见证了历史。

感谢吴晓灵、衣锡群、霍学文等行业内学者型领导对中国式众筹的支持和认可。感谢杨莉、吴鹏等朋友在中国式众筹推进过程中提供的各种帮助和支持。

感谢中关村管委会郭洪主任、杨艳茹处长等领导的大力支持。中关村是中国的硅谷，为1898咖啡馆和中国式众筹的诞生提供了创新土壤。郭洪主任高度重视众筹发展，不仅带队到1898咖啡馆调研，还推动成立了中关村股权众筹联盟，要把中关村打造成为全球股权众筹中心。

感谢刘峰、赵宏瑞等校友。刘峰整理的《咖啡馆众筹独孤九剑》《众筹十八罗汉拳》及赵宏瑞教授撰写的《"众筹"公司的股权设置路径突破》等文章，成为早期了解1898咖啡馆众筹模式的重要文本，为中国式众筹模式的传播发挥了重大作用。

感谢媒体界的朋友，刘戈、刘星、李靖、罗文皋、谢红玲、李学宾、孟雷、何伊凡、宋学宝、仲伟志、刘鸿彦、杨锋磊、崔鹏等，是他们共同推动了中国式众筹正能量的传播。

在自媒体发达的当下，许多公司与组织，都用自己的方式和渠道表达了对于这个新生事物的支持，其中不乏颇有影响力的公众号与文章，在此一并致以深深的敬意。

感谢陈春花教授、黄怒波先生欣然提笔为本书撰写了很有深度的序言。感谢厉以宁、陈佳洱、吴晓灵、俞敏洪、王振耀、姚余栋、孙陶然、蔡方华等为本书撰写了推荐语。

以上挂一漏万，要感谢的人还有很多很多，但篇幅所限，已无法一一列举，敬请谅解。

"中国式众筹·首席架构师"课程班推出

2016 年 4—6 月，在北大未名湖畔，来自全国各地的 300 多位（每月一期，每期 100 ～ 110 人）中国式众筹的践行者参加了由中关村互助众筹研究院组织的"中国式众筹·首席架构师"培训课程。本培训课程是作为首席架构师·九段体系中的基础阶段配备的。

最近一两年来，众筹在中国被越来越多的人接受，并开始在实践中发挥作用，与此同时也产生了不少的问题需要解决。

作为中国式众筹理论的策源地和研究中心，中关村互助众筹研究院构建了首席架构师·九段体系，为不同阶段的首席架构师提供理论基础和路径指引。一经推出，反响热烈。培训课程分成理论篇、实战篇、法律篇和路演篇四个部分。

1. 互联网革命的下半场

"为什么说众筹是互联网革命的下半场？"第一天的课程从这个话题讲起，中关村互助众筹研究院副院长吴鹏从认识论、方法论、实践论和策略论四个角度阐释了中国式众筹的"4123"基本理论体系。

2. 中国式众筹的精髓是以人为本

第二天的实战课程从提问开始。杨众筹坐镇讲坛，采取提问与回答的方式，知无不言言无不尽。听课者普遍反映，听杨众筹讲众筹项目千万不要被项目本身的细节限制，而应该把握背后基本的逻辑主线——对于人性的基本理解。

杨众筹讲："我觉得这个世界变了，但是人性没变。你对世界的理解是否还停留在昨天？其实我觉得大家的问题 80% ～ 90% 都出在这儿。很多人没见我之前，就觉得我应该是年龄 50 岁以上的人，因为他们觉得做众筹的东西就是在解读人性，把人性解读得很好之后又设计好的众筹产品，肯定是职业年龄很高、阅历很多的人，才能把人性理解得很透。"

那么，杨众筹的经历是怎样的呢？他做了很多协会工作。过去 10 年大概帮过 100 多个协会，自己也操盘过很多协会，所以对协会本身的理解是非常深的，协会其实是一个特别容易看出人性的地方。作为一个旁观者去看，可能一千年前、一百年前和现在的人都是不变的，人都很贪心。大家是平等的，大家股份一样的，没有更多的好处我凭什么要多付出啊？其实这就是人性的一个层面。

为什么很多问题你只要把前提想明白，结果自然有了？为什么世界变了？现在为什么大家都在讲合伙人、优秀的人不计代价地争取？因为社会的环境不一样。比如 30 年前，谁能发财？是掌握资源的人，拿了一个项目，就能挣钱，为什么？那时机会特别少。我只要拿了那个项目，啥能力都没有，我也肯定发财。

那时候不会给你股份，让给你干活就不错了。但是现在不一样了，现在是机会足够多，你抓住机会的能力不重要，抓住机会能不能消化是重点。现在的重点是在做事的人，你抓住机会不能消化，今天是个机会，半年之后可能就是个垃圾。这就意味着抓机会的人的能力没那么重要，反而是做事的能力变得重要。所以这是为什么要搞合伙制，为什么要不惜代价，因为你需要变现。

以前人为什么很小气？我捞了个项目，我就一定要控股，为什么要控股？就是因为我好不容易捞了一个机会当然很珍惜。现在不一样，我手头有十个机会的时候，你过来，我觉得你靠谱给你 20% ～ 30% 的股份，我不会在乎，因为我机会多。

所以你最后发现，你有很多心态的改变，是因为这个社会变了，不是因为你变大方了，而是你变贪心了。我觉得人都有自私性，都有懒惰性。

杨众筹口中说的发展趋势是什么呢？我们找到了解读线索，杨众筹谈到了以下几个核心关键词：中国式众筹是熟人圈众筹、本质是信任变现、人才 IPO 是具有颠覆性的商业模式。

3. 众筹是对传统资本市场的颠覆式创新

第三天的法律课程由中国政法大学的胡继晔教授主讲。胡教授从比较金融系统讲起，众筹在传统的贷款、发债、股票融资之外另辟蹊径，直接融资的创新模式与传统融资最大的区别在于，不再是简单的筹集资金，在 "互联网＋" 时代，众筹通过筹集资金去筹集资金背后的人，是筹资 + 筹智。

对于大家最为关心的众筹涉及的法律问题，胡教授清晰地解释了非法集资所涉及的法律要素，同时举了一个详细的法律判例，回应了同学们的种种疑问。

4.众筹咖啡馆的降维打击

金融客咖啡的 002 号发起人、秘书长易辉以金融客的发起过程为例，阐述了众筹咖啡馆的 12 种功能，在这样多样化武器面前，咖啡馆已经不是咖啡馆，能不能看到场所之外的功能，是能不能做好众筹咖啡的关键。

5.模拟与实战

学习的目的是为了实战，理论的目的是为了指导实践，在三天课程的最后，分成十个组的学员提出了自己的路演项目。

第一期学员中，有希望中产阶级每人拥有一匹马的城市马术项目，有做中国文化生活方式平台的麟德大业项目，有经典诵读俱乐部项目，有物联网城市应用创新平台项目，有专注孩子和妈妈的乐和学咖啡项目，有专注健康的疗养谷项目，有针对校友会的茶馆项目，有针对新能源汽车的项目，有针对心理咨询方面的图书众筹项目，还有针对艺术教育的互联网平台项目。

最后，杨众筹对于各小组提供的路演项目进行了精彩点评。

三天的集中培训，使同学们对于中国式众筹的认识深入许多，不少同学的课后"作业"甚至让杨众筹受到启发。

但这一切仅仅是个开始：2016 年 5 月 13—15 日，第二期 100 人的培训课程顺利结束，而首期班的后续活动，则已经连续开展了多项，同学们沐浴在中国式众筹大家庭的友好、学习、分享的氛围中。尤其是集合一、二期同学的"写作共进社中国式众筹首席架构师"群，要求加入者连续 30 天发表众筹原创内容，有近 60 名同学踊跃报名，使大家对于中国式众筹的理解，在三天紧张学习、脑洞大开的基础上，进一步得到深化。不少同学在实际工作中，或者已经运用中国式众筹解决问题，或者感受到它的优势。

首席架构师学员感悟

陈墨　容大企业大学执行校长

从以生产者为中心，继而认识到顾客满意度的重要性，到把企业与客户看成利益共同体，这是半个多世纪以来，全球营销理论 4P—4C—4R 的发展轨迹。

中国式众筹彻底解决了困扰 4P—4C—4R 最大的问题：建立组织与客户深度链接，高度黏性。没有什么比把客户变成股东，消费者、投资者和传播者三位一体更能激发客户的参与感、归属感、荣誉感和使命感。这些正是中国式众筹成功的标准。

现在，中国式众筹已经发展成为一种商业生态模式。中国式众筹正在撬动互联网革命下半场：个性化、激活闲置资源、建立信任红利。

赵建元 北京智慧果心理咨询有限公司

听杨众筹讲中国式众筹，你会发现很多关键环节的处理都和我们的"想当然"是不一样的。

反转逻辑

创业者对于商业都已经形成一种较为固化的思维逻辑，这种逻辑决定了行为模式。而 1898 咖啡馆首先就是反转了股东对于咖啡馆的基本逻辑，具体有身份逻辑、关系逻辑、投资逻辑、消费逻辑等一系列的基本逻辑的反转。

之所以要反转逻辑，是为了要获得新的话语权，通过反转组织规则、反转股东预期、反转股东关系来重塑组织规则、管理股东预期，从而建立起新的"咖啡馆"逻辑。

反转传统

中国人做事情都是具有一种文化传统的，商业也不例外。杨众筹既用好了这种传统，又超越了这种传统。主要体现在三个方面：

熟人组织不封闭：校友圈子原本是半封闭的，然而 1898 咖啡馆的品牌势能首先在校友圈内迅速发酵，随着股东红利逐渐释放，1898 咖啡馆的品牌势能同步经由北大校友的各种渠道开始面向社会进行释放。

这是一个典型的通过对内营销，实现了对外的商业和社会影响力的成功典范。

商业组织不分红：1898 咖啡馆是一个商业组织，基于杨众筹的预期管理，成为一个"不分红"的熟人圈组织，很巧妙地让 1898 咖啡馆天然的具有了更多的平台属性和公益属性以及开放特质，自然而然地形成捐款文化、值日生文化、创投训练营等多种连接功能。

社群组织不虚拟：互联网时代，信息化、泛在化、虚拟化成为典型特点，中国式众筹众多项目的推动都是通过微信群的形式开展，围绕 1898 咖啡馆股东关系而形成的众筹项目连接已然是一个社群。

这个社群的特点是无论前期如何运作，唯有依靠信任和真实才能成交。

以上三个特点首先都是顺应了熟人圈、商业和互联网的传统观念和形式，然而在内涵上又进行了创新和提升。

反转关系

在中国，最重要、最难处理的是关系。1898咖啡馆在商业、组织和品牌三种关系上毫无例外的也进行了反转。

规则型的商业关系：1898咖啡馆建立起了一套规则型的商业关系。有效地降低了信任成本、提高了违约成本、降低资源获取成本等商业化的成本，从而形成一种特有的商业资源，这种相对稀缺的商业资源又在一定程度上促进了商业关系，同时强化了这种规则的有效性。

伙伴型的组织关系：1898咖啡馆尽管是北大创业校友熟人圈众筹，但毕竟近200名股东也是一个比较特殊和复杂的组织，均等股权、执委会和监事会等制度设计这个时候就体现出了优势。将较为复杂的股东关系转化为伙伴型的组织关系，在以制度为保障的基础上，建立起一种组织文化的影响力。

社会型的品牌关系：1898咖啡馆的品牌根植于北大品牌资产基础上，经由北大校友会的社会化渠道，在短时间内形成了商业焦点，积累了较高势能，已经成为一种重要资产。

张子斌 志远鹏诚管理咨询公司创始人

今天下午到天津本来是探讨项目合作，对方看我微信一个月，知道我参加首席架构师培训，邀请我与企业负责人交流众筹，结果聊了4小时意犹未尽。如果不是参加了两期培训班，对于一个完全陌生的行业，用管理咨询的思维，没有充分的调研，我自己是没有更多的底气去为对方解析商业模式的。我们一起按照杨众筹的思路，一步一步来剖析，最后找到了适合企业的商业模式，通过众筹帮助企业实现传统连锁加盟、代理方式的转变。对方的接受，也使我的信心倍增，正如杨众筹所说"如果自己都不相信自己，谁能相信你"？

我很庆幸在经历了职场高管、北大MBA、海归三个身份后，再加一个众筹架构师的身份，而且是"黄埔一期"，这份骄傲也助推我完成人生的另一个华丽转身。

记得在MBA学习中，我总结自己的人生价值是"以成就他人来成就自己"，现在看与众筹架构师的要求非常吻合，众筹架构师不单单是一个职业，更是一份事业，一个能将自己融合到信任、责任、包容的圈子，一个能被别人尊重，完成自我价值实现的平台。

周轩毅 青岛融贯汇众软件有限公司CEO

过去人们常说，"有本事有脾气怀才不遇，有本事没脾气飞黄腾达"。一些有能力有点个性的人，确实很难出人头地。但这个说法很快就会成为历史！有了人才IPO，我就可以对你说：成为你自己，不要低下你高贵的头，人才IPO会给你的才华一个自由的舞台！

李春杰 全经联沈阳商学院执行院长

今天，陪同乡建专家梁军一起去了离沈阳一个多小时车程的铁岭。在青山秀水间，大家一起勾勒着乡村书店、稻田、荷塘、民宿、民生的美丽乡村场景。但资金的瓶颈、客源的瓶颈、人才的瓶颈总是让这些美丽场景有一种虚幻不真实的感觉。于是，刚学成"半瓶醋"的我，用中国式众筹的方法论谈起乡村书店的公益众筹、乡村客栈的众筹和农民合作社的众筹、中产下乡群落的众筹，竟然发现，只要落地这些"众筹+"，所有的美梦都仿佛在不远处拈花微笑！于是，我们对在铁岭落地一处新"桃花源"有了满满的信心：有中国式众筹搭起城乡之间的彩虹桥，再也不用羡慕陶渊明了！

黄武辉 陕西大姆指实业有限公司联合发起人

2015年12月，于友人处吐槽目前运作一公司的困境。友言，你这个项目做众筹最合适。回家看他送的《中国式众筹》，太好了！这就是我要的。书中好多观点与做法完全可以克隆到我们公司上来。如何通过众筹，从无到有，以小搏大，完成中小企业的自我救赎。仿佛在茫茫大海迷航的船只发现了灯塔，然后一股脑地消化接收。同时应用到"陕西大姆指实业有限公司"上来，我们联系了近30名经销商，平均出资，建设了属于我们的自主品牌，初步完成从渠道商向上游的发展，收到了阶段性的效果。非常幸运，在首席架构师课程上听到杨勇等老师的分享，更坚定了我走众筹路线的信心。

希望通过众筹，重新定义品牌，重构社会信用。

周洪余 吉林老建工校友创业联合汇秘书长

长春市"老建工"创投咖啡馆，是我国第一家建筑工程领域的校友众筹咖啡馆，也是吉林省第一家校友众筹咖啡馆。

"老建工"创投咖啡馆起源于老建工校友创业联合会，迅速在老建工校友圈产生了极大的影响。和其他二线城市的众筹咖啡馆一样，"老建工"咖啡馆在经历开始的红红火火后，也面临了一些问题，比如运营机制还不是很完善、股东结构和专业维度不是很合理、活动组织得不是很有效、股东及校友的参与度不高等。

带着问题，老建工校友创业联合汇秘书长、创投咖啡馆副秘书长周洪余连续参加"黄埔一、二期"培训班，在两期培训总结基础上，完善了"老建工"创投咖啡馆的管理体系并收到明显效果。

一、建立股东推荐机制，实行执委一票否决制，投票采取无记名投票，严格筛选股东。

二、实行同股同权等额返卡，100名以后股东溢价原则。

三、规范股东的招募范围和结构，包括专业、年龄结构、工作领域、地域等方面，逐步发展优秀的股东加入老建工大家庭。

四、增加秘书处和运营部的力量，取消秘书长承包制，实行两权分离及站台文化。增强活动组织的效果、频率，加强与地方政府的合作，为股东做好服务支持工作，增加了股东的参与度。

五、做好自媒体、公众号的应用，并成为校友们了解学校和校友企业的公共平台。

六、积极推动全国各地"老建工"创投咖啡馆的加盟工作，目前北京、大连、青岛、深圳、上海等地已在筹划中，同时实体创投项目，也在积极运作中。

中关村互助众筹研究院

中关村互助众筹研究院是中国第一个经政府相关部门正式批准的专门研究众筹的独立法人组织，定位于成为推动中国乃至全球众筹发展的发动机，以及众筹理论研究和实践创新的策源地。由国内知名管理学家陈春花教授主持研究工作，研究院将探讨通过颠覆性的研究组织模式，全面推动众筹在中国乃至世界范围内的发展。

研究院率先提出"众筹经济学"，将致力于通过整合全球资源，全面推进众筹理论研究和实践操作，推动各行业颠覆传统运行模式、形成众筹标杆案例，成为全球众筹发展的重要引领者。通过 100 个行业的 200 位精英的参与，带动 200 个众筹标杆案例；通过在全国资助 100 位教授课题组，全面带动学术界形成众筹研究风潮；通过资助 100 个高校学生团队，打开众筹想象和创新空间；通过跨界交流合作推动理论与实践结合，实现颠覆式创新；通过系统搜集整理国内外众筹资讯，形成全球最大最全的众筹原始素材提供地。

研究院将从理论研究和实践操作方面，全面提升中国众筹发展水平，既与国际接轨，站在国际前沿，又探索中国文化环境下独特的众筹模式，引领众筹创新，提升国际影响力。通过系统性、有影响力的众筹研究与实践，引起政府和社会各界关注，为推动更为合理的众筹政策和法规，提供科学的理论和事实依据，促进众筹行业规范和良性发展。促进各行业对众筹的思考和实践，颠覆传统商业模式，形成众筹标杆案例，推动现有经济组织形式的变革，开创适应互联网时代众筹发展要求的新的经济组织形式，促进社会资源更合理、更有效地配置。以研究院自身的模式创新树立标杆，改变传统科学研究、创新创业模式，使科研创新变得更容易、更健康、更有效率、效果更好。以研究院为平台汇聚与整合全球跟众筹相关的高端人才和资源。

研究院将形成理论成果、实践报告、案例分享、实操指导、跨界研讨、培训课程、论坛峰会等产品和服务，还将翻译国外文献、定期出品文章、出版书籍、推动建立协会组织、形成行业规范、加强国际交流……

研究院现招募 200 位行业精英企业家作为发起人，招募 100 位教授牵头成立课题组开展众筹研究，欢迎各个行业领域对众筹实操感兴趣的领军人物参与。在这里，我们将第一时间获取全面翔实的众筹资讯，共同推动中国众筹事业的发展。

　　联系方式：中关村互助众筹研究院秘书长易辉，18718981898，微信号：Jrcoffee1898。

请扫码关注杨勇微信公众号
获取众筹最新资讯，了解首席架构师·九段培训等活动近况，参加"新中国合伙人中国式众筹年会"！